高等财经院校创新创业教育系列教材

VENTURE INVESTMENT, FINANCING AND CAPITAL OPERATION

Venture Investment, Financing and Capital Operation

创业投融资和资本运作

刘湘云 ◎主编

李慧清　黄翔　曾准 ◎副主编

中国财经出版传媒集团
经济科学出版社
Economic Science Press

图书在版编目（CIP）数据

创业投融资和资本运作 / 刘湘云主编. —北京：
经济科学出版社，2019.3（2023.2 重印）
高等财经院校创新创业教育系列教材
ISBN 978-7-5218-0343-3

Ⅰ.①创… Ⅱ.①刘… Ⅲ.①创业投资-高等学校-
教材②企业融资-高等学校-教材③企业管理-资本经
营-高等学校-教材 Ⅳ.①F830.59②F275.1③F275.6

中国版本图书馆 CIP 数据核字（2019）第 042368 号

责任编辑：齐伟娜 初少磊
责任校对：李 建 隗立娜
责任印制：李 鹏

创业投融资和资本运作
刘湘云 主编
李慧清 黄翔 曾准 副主编
经济科学出版社出版、发行 新华书店经销
社址：北京市海淀区阜成路甲 28 号 邮编：100142
总编部电话：010-88191217 发行部电话：010-88191540
网址：www.esp.com.cn
电子邮件：esp@esp.com.cn
天猫网店：经济科学出版社旗舰店
网址：http://jjkxcbs.tmall.com
北京财经印刷厂印装
787×1092 16 开 10 印张 190000 字
2019 年 5 月第 1 版 2023 年 2 月第 3 次印刷
ISBN 978-7-5218-0343-3 定价：30.00 元
（图书出现印装问题，本社负责调换。电话：010-88191510）

前言

一、编写动因

2014年9月，李克强总理在夏季达沃斯论坛上第一次提出“大众创业、万众创新”，强调要借改革创新的东风，在960万平方公里土地上掀起“大众创业”“草根创业”的新浪潮，形成“万众创新”“人人创新”的新态势。此后，国家相继发布了《国务院关于大力推进大众创业万众创新若干政策措施的意见》《国务院关于强化实施创新驱动发展战略进一步推动大众创业万众创新深入发展的意见》《国务院关于创新重点领域投融资机制鼓励社会投资的指导意见》《国务院关于推动创新创业高质量发展打造“双创”升级版的意见》等一系列文件，为创新创业提供了更加有利的社会环境，全民创新创业热情不断高涨。

然而，如果没有成熟高效的资本市场体系提供强有力的支撑，创新创业便难以有效推进。如何响应国家号召，为大众创业、万众创新提供强有力的支撑，不仅是资本市场服务实体经济的应尽责任，更是在经济新常态下支持培育创新驱动型为特征的增长模式、推动我国经济转型持续发展的必由之举。而投资者与融资者作为资本市场体系的两大主要参与者和创新创业的主要推动者，如何在资本市场上投、融资，如何操作以适应和促进创业资本市场，成为社会各界关注的焦点问题。

近年来，随着“大众创业、万众创新”的提出，一方面，由于信息不对称和道德风险，创业投资人需要花费大量的精力筛选和甄别合适的创业项目；另一方面，创业融资需求也在不断扩增，有限的资本供给难以满足日益增长的市场需求，导致“融资难、融资贵”等问题层出不穷。相对应地，现有的教材中，投资类教材经常用很少的篇幅介绍“创业融资”的内容，而创业融资类教材也很少涉及“创业投资”的内容。这就从形式上将原本密切相关的内容人为割裂开来。

本书根据我国现阶段创新创业的大背景，结合具体案例，详细阐述我国的创业投融资资本市场运作状况，为一些既讲创业投资又讲创业融资的同门课程提供方便。

二、内容与体例

本书分为上、下两篇，共10章，从创业投资资本的投资与筹集情况两方面，结合具体案例进行相关分析，使内容尽可能完善。

上篇主要围绕创业投资来写，具体分为5章。第1章是对创业投资的简单介绍；第2章具体介绍了创业投资所需关注的评估要素；第3章详细介绍创业投资的具体操作流程；第4章重点介绍创业投资团队的构成及运作，并以深圳市创新投资集团有限公司（简称"深创投集团"）为例，对其投资运作方式及特点进行了详细分析；第5章则对创业投资的主要形式进行了详细阐述。

与之对应，下篇主要围绕创业融资来写，具体分为5章。第6章、第7章分别介绍了创业融资的概念、发展和基本要素；第8章详细介绍了相关操作流程；第9章详细介绍了创业融资团队的构建；第10章则是对创业融资主要形式的描述。

在附录中列举了三个典型的投融资案例，紧贴创新创业时代发展前沿，凸显投融资的经典理论知识，将实践性、实用性与创新性、理论性进行巧妙的衔接和融合。

三、编者与致谢

本书由刘湘云教授主编，李慧清、黄翔、曾准协助执行，设计了整体框架与编写原则，并参与部分章节具体内容的撰写；广东财经大学邓亦、王晓宇、樊瑞华、方晓阳、舒柯、李保佳和胡汝琪等参与了相关资料的搜集整理与具体内容的撰写。后期校对工作主要由樊瑞华负责，方晓阳协助执行。

本书编写参阅了同行诸多观点和大量文献资料，书后列出了主要参考文献。此外，经济科学出版社为本书的出版做了大量工作，广东财经大学的部分研究生也为本书的出版做了许多工作，在此一并致谢。

由于时间紧迫和水平有限，书中不足之处，恳请读者谅解并提出宝贵意见。

目录

上篇　创业投资／ 1

上　篇

创业投资

第1章

创业投资概述

1.1 创业投资的概念界定

1.1.1 创业投资的定义

创业投资（venture capital）是指向具有高增长潜力的未上市创业企业进行股权投资，并通过提供创业管理服务参与所投资企业的创业过程，以期在所投资企业相对成熟后通过股权转让实现高资本增值收益的资本运营方式。简单地说，创业投资是一个推动技术、资金、产业相互结合和转换的创业过程。各机构及相关专家从不同角度定义了创业投资（见表1－1）。

表1－1　　对创业投资的不同定义

机构组织	全美创投协会（NVCA）	创业投资是由专业投资者投入到新兴的、迅速发展的、有巨大竞争潜力的企业中的一种股权性资本
	欧洲投资银行（EIB）	创业投资是为形成和建立专门从事某种新思想或新技术生产的小型公司而进行的股份形式承诺的投资
	经济合作与发展组织（OECO）	创业投资是投资于以高科技和知识为基础的生产与经营技术密集型的创新产品或服务的投资
部分学者	成思危	创业投资是指把资金投向蕴藏着较大失败危险的高新技术开发领域，以期成功后取得高资本收益的一种商业投资行为
	万志勇	创业投资是指投资于创业企业，并通过资本经营服务培育和辅导创业企业成长，以期分享其高成长带来的长期资本增值
	匡晓明	创业投资是由确定多数或不确定多数投资者以集合投资方式设立基金，委托专业性的创业投资管理机构管理和运用基金资产，主要对未上市创业企业提供权益性资本，并通过资本经营服务直接参与企业创业过程，以期获取企业创业成功后的高资本增值的一种特定类型的投资

续表

官方	国家发改委	创业投资指向创业企业进行股权投资，以期所投资创业企业发育成熟或相对成熟后通过股权转让获得资本增值收益
相同点	投资的主体都是一致的：高成长性创业企业。结果相同：实现资本增值	
不同点	形式不同。某些定义里面只包含资金投资；某些定义里既包含资金投资，还包括参与企业经营	

1.1.2 创业投资的目的

创业投资主要偏向于高成长性的创业企业，一方面，通过资金和管理等方面的援助来帮助创业企业起步和发展；另一方面，促进资本的增值，通过投资而获得企业的部分股权，当企业发展壮大时，投资者可以通过首次公开募股（IPO）、并购及股权转让等退出方式获得高额回报。

1.2 创业投资的类型概述

1.2.1 以投资形式划分

1. 联合投资

联合投资［也称辛迪加（Syndication）投资］是指多个创业投资者共同联合对同一创业企业进行投资。联合投资一方面有利于创业投资者之间的信息共享，提高项目选择的准确性，加强投资监管和提供更多的增值服务；另一方面可以保证对风险创业企业的投资总额达到合理规模，增大投资成功的可能性。

2. 组合投资

组合投资是指创业投资者根据企业不同发展阶段对投资入股形式的要求（必需的和可能接受的方式），采取股权、债权、准股权、担保等多种形式的组合投资策略，既保证企业对资金的需要，又尽可能减少企业失败造成的损失。同时，对多家风险企业进行投资，通过投资组合分散投资风险，不会因一项投资的失败而满盘皆输。在创业投资行业，“绝不把所有的鸡蛋放在同一个篮子里”是对这种投资方式最恰当的比喻。

1.2.2 以投资主体划分

1. 政府基金投资

政府引导基金是指由各类政府出资，投入各种创业投资机构或创业投资基金中，主要支持新型创业企业发展，不以营利为主要目的的一种非正式金融资本或基金，是政府的一项政策行为，如美国的 SBIC 计划。

政府设立引导基金的目的是“四两拨千斤”，通过基金的杠杆效应，扩大政府资金的作用，实现政府政策目标，推动地区经济发展。政府运作引导基金的方式通常是信贷、担保、参股创投企业及共同投资等，并且一般不参与创投机构的具体决策，也不直接与创业企业产生联系。在共同投资中，让利于社会投资机构，引导社会创投机构的投资行为，并提高相关政策激励社会创投机构，提升其投资的积极性。

2. 社会责任投资

创业投资的社会责任投资模式是指，金融机构在投资决策中不仅要考虑投资对象的财务状况，还要对环境和社会结果进行分析，即需要将投资企业的财务回报、社会回报、环境回报三者综合考虑，因而社会责任投资又称为三重底线投资。社会责任投资者包括个人、企业、学校、医院、基金会、养老退休基金、宗教团体及非营利组织机构等，在获取财务目标的同时，旨在创造一个更美好、公平及可持续发展的经济社会。

1.2.3　以投资标的所处的发展阶段划分

1. 种子投资

种子投资发生在项目的形成时期，此时，项目只是一个想法，创业投资人根据项目发展的可行性和发展潜力大小进行投资。种子投资具有一定的垄断机会，资金增值的潜力很大，但是它的可控性弱，风险很大。

2. 天使投资

天使投资发生在公司的初创和起步期，此时，项目可能只是一个雏形，项目发展和运营都处在运营阶段，因此，在该阶段，项目负责人品质和团队可靠度发挥着很重要的作用。

3. 风险投资

风险投资（venture capital，VC）发生于公司步入正轨之后的早期，项目已经有了一定的发展。此时，风险投资的介入，一方面提升了公司的估值；另一方面可以扩大市场，提高该项目对市场的占有度。风险投资注重项目长期发展的能力，投资对象一般是高科技、高成长潜力的企业。

4. 私募股权投资

私募股权投资（private equity，PE）发生于企业较为成熟的阶段，特别是上市前阶段。PE 投资的投资金额较大，一般面向有风险识别能力的自然人或具有承受能力的机构投资者以非公开的方式投入资金，投资成功后，项目会在 2～3 年内上市。PE 看中的是项目的短期盈利能力。

1.3 创业投资的发展概况

1.3.1 国外创业投资的发展概况

1. 国外创业投资市场的萌芽和产生

20 世纪 20 年代，国外一些富有的家庭和个人投资者为一些企业提供创业资金，其中一些企业，如东部航空公司、施乐以及其他知名的大企业得以发展壮大。这类融资活动完全是由个人自行决策，没有专门的中介机构进行组织，缺乏职能上的分工，投资过程和融资过程完全交织在一起。当时这种投资活动并不广泛，契约安排具有偶然和分散的特征。自美国成立机构投资基金以来，这种信托基金形式的创业投资机构从传统公司契约那里获得制度创新，最终将投资过程和融资过程分开。

1946 年，美国研究与开发公司（AR&D）成立。当时，美国新兴企业由于规模较小，产品和市场又极其不成熟，导致无法通过正常的融资渠道获得融资，因此，它的发展受到了严重的阻碍。然而，这些创新性的公司开发的新产品和新技术对美国经济增长有很大的作用，在这样的经济背景下，美国研究与开发公司应运而生。该公司作为第一家公开上市交易的封闭型投资公司，主要服务对象是有发展潜力的新型企业，主要提供权益性直接金融服务，同时，通过资本增值获取利润来促进公司的发展。它作为行业的开拓者，进行了卓有成效的创新，并且影响着当代创业投资的制度形式。

美国研究与开发公司在创业资本市场上还首创了合伙型组织形式，作为一种创新的融资契约，为解决创新投资的风险分担问题开辟了新的途径，成为今天最流行的组织形式。创业资本市场的投融资职能分开后，由信息不对称引起的高交易成本成为创业资本市场发展的阻碍，合伙型投资公司的契约设计有效地克服了投资中介的信息不对称问题，降低了委托人和代理人之间的代理成本，为创业资本市场的迅速发展创造了条件。

2. 国外创业投资市场的发展

1958 年，美国国会一致通过了《小企业投资法案》，授予小企业管理局制定和实施小企业投资计划的权利，并批准成立小企业投资公司。政府规定，小企业投资公司的发起人每投入 1 美元便可从政府得到 4 美元的低息贷款，以及享受特定的税收优惠。由于政府的积极促进，在《小企业投资法案》实施后的 5 年里就成立了 629 家小企业投资公司。这些公司管理着 4.64 亿美元的私人资本，其中，47 家公众持股的小企业投资公司从公开上市中筹资 3.5 亿美元。① 这些法案的颁布，推动了美国创业投资的进一步发展。

20 世纪 70 年代，美国的创业投资由于经济下滑和税赋增加出现停滞状态，美国政府和众多机构采取了一系列措施来挽救这一态势。例如，1979 年，美国劳工部对《雇员退休收入保障法》中“谨慎人”条款进行了修改，在修改条款中，放宽了养老基金的投资领域，允许养老基金管理者投资于包括创业投资在内的高风险行业，随后，养老基金迅速成为美国创业投资的最大资金来源。

1978 年，美国硅谷和其他高新技术公司对国会做了大量的工作后，美国国会决定把原先的资本收益的最高税率从 49% 降到 28%。同年，政府放松了对养老基金投资领域的约束，允许养老基金投资小的和新型企业发行的证券以及创业投资基金。1981 年，美国国会进一步将资本利得税率从 28% 下降到 20%。这些措施都促使美国创业投资迅速发展，使机构投资人逐渐取代个人和家庭成为创业资本的主要来源。创业资本的扩张过程也是资金交易的扩张过程，交易频度迅速增加，交易关系日益扩大。

据统计，1978 年，美国创业投资募集的资本较上一年增加了约 10 倍，达到 4.27 亿元，到 1983 年，募集资本已增长至 54.53 亿元。② 此外，由于创业投资在 20 世纪 70 年代初期的投资项目退出后产生的高额回报，促进了大量创业资本涌入市场和创业投资基金的建立，创业活动也空前高涨。1987 年开始，美国陷入经济不景气阶段，股市暴跌，创业投资进入萎缩阶段。

但是，自 1992 年以后，美国的经济逐渐复苏，经济开始高速、持续增长，在整个经济环境利好的情况下，创业投资的回报率又回升到 12% 以上，创业投资公司和基金的数量迅速增加，创业投资的规模也不断上升。到 1995 年，美国的创业投资资金总额高达 435 亿美元。③

3. 国外创业投资市场的前景

近年来，随着计算机软件、数据网络系统、互联网、数据存储等高科技的快速发展，创业投资基金的管理者经过创业投资发展的几次起伏，经验更加丰富，基金经理更加专业化，人们对创业投资的认识更加深入，各行各业大规模地加入到创业投资领域中来，使创业投资活动获得了良好稳定的发展。创业投资市场虽然不会像过去一样快速发展，但是它依旧有一定的发展空间，多领域拓展，不局限投资项目的类别。“创业投资开始逐步向传统产业倾斜，互联网投资依旧占创业投资大部分，但是医疗健康行业、生

---

①②③ ［美］理查德 · L. 史密斯、珍妮特 · 奇霍姆 · 史密斯：《创业金融》，机械工业出版社 2001 年版。

物技术行业越来越受到创业投资者的青睐。创业投资者会更加注重现有企业的培育，更加注重创业企业内涵的发展，以增强市场成长性。”①

发展创业投资，促进经济增长。经济增长与创业投资是相关的。一个国家通过支持技术创新，不断进行产业结构优化升级，提高资源的配置效率，对经济持续增长起到很大的促进作用。以色列是一个只有600万人口的小国，但其科技和经济的国际竞争力是许多大国也望尘莫及的。从一定意义上来说，这与以色列政府重视创业投资是分不开的。以色列政府发展创业投资的宗旨，就是通过发展创业投资实现保持经济增长和增加就业的目标，最终推动经济的发展。由此可见，创业投资是重要的、不可或缺的，国家只会越来越重视创业投资的发展。

充分利用外资，扩大创业投资规模。以以色列为例。以色列政府以政策支持和政府干预的方式减少投资者进行创业投资的风险，并严格推行“孵化器”制度，对被“孵化”的企业给予资金、政策等各方面的扶持，尤其是市场环境等软件方面的支援。被“孵化”的企业除了可以自由使用设施和设备外，两年内可以得到最多30万美元的资金援助，如企业发展成功，每年按销售额的一定比例还给国家；如果失败，则无须赔偿。对于有技术和能力、无门路和资金的年轻创业者来说，利用“孵化器”无疑是他们创办企业的最佳途径。从某种意义上说，正是因为如此，外国投资者才纷纷前往以色列寻找投资机会，以色列由此吸引了大量的外国资金，其中包括创业投资和企业通过上市筹集的资金。因此，在国家政策支持下，外国创业投资有很大的发展机会。

创业投资从新产品开发领域逐渐转移到并购领域。美国的创业投资基金，特别是一些大企业投资的创业投资公司和创业投资基金，逐渐转向企业并购融资，这实际上也反映出创业投资的一个发展趋势，即从新产品开发领域转移到并购领域。创业投资从新产品开发领域转移到并购领域，协助创业企业进行并购活动，部分是为应对创业企业首次公开募股（IPO）时可能出现的市场低迷而做出的机制创新。

1.3.2 我国创业投资的发展概况

1. 我国创业投资市场的萌芽和产生

20世纪80年代中期到90年代初期，创业投资在我国处于萌芽状态，创业投资的概念随着对国外高新技术产业发展的研究而被引进。1985年3月发布的《关于科学技术体制改革的决定》提出，“对于变化迅速、风险较大的高技术开发工作，可以设立风险投

---

① 王立国：《创业投资研究》，东北财经大学博士学位论文，2003年。

资给予支持”。这是我国首次提出以创业投资的方式支持技术创新，促进高新技术产业的发展。随后，1985年9月，国家科学技术委员会、财政部等共同出资成立了中国新科技创业投资公司，该公司是我国第一个以从事创业投资为目的的股份制企业。1996年5月发布的《中华人民共和国促进科技成果转化法》规定，“科技成果转化的国家财政经费，主要用于科技成果转化的引导资金、贷款贴息、补助资金和风险投资以及其他促进科技成果转化的资金用途”，“国家鼓励设立科技成果转化基金或者风险基金”。这部法规第一次在法律上涉及创业投资，对我国创业投资的发展起了积极的推动作用。在这一时期，一些地方政府相继出资成立了从事创业投资业务的投资机构，如各地的科技创业公司、科技风险开发事业中心和科技基金发展总公司等。53个国家级高新技术产业开发区大都设立了创业中心，也叫“孵化器”，此外，国外的一些大公司、投资银行和创业投资基金也开始在中国开展创业投资业务。

2. 我国创业投资市场的发展

20世纪90年代，我国创业投资机构的主体为具有政府背景的科技投资公司。地方政府（大部分是省级）科技主管部门先后成立了20多家科技投资公司，资金来源主要为地方的科技经费，投资对象主要为高新技术企业，投资方式主要包括担保、债权（贷款）、股权等，相应的回报方式也包括了手续费、利息、分红、股权转让或回购等。这些科技投资公司的设立不仅改变了政府科技经费使用的单一模式，而且在很大程度上探索和推动了我国整个创业投资事业的发展。

1999年和2000年，我国的创业投资机构和资本额呈现强劲的高速增长态势。1999年全国新增创业投资机构40家，创业投资机构总量接近100家，增长率高达67.8%；2000年的增长势头更猛，全国新增创业投资机构102家，总量增至201家，增长率高达103.03%，比1999年翻了一番还多，年新增资本额166.76亿元。这两年，共新增创业投资机构142家，这是历年创业投资机构增长数量最多、增长速度最快的一段时间。截至2000年底，全国创业投资机构达到201家，资本总量超过了370亿元。[①] 在这个时期，地方政府纷纷设立国有独资、合资创投机构，一些大公司和证券机构也参与进来，民间资金大量涌入，对中国高新技术产业发展起了第二次推动作用。这一时期创业投资的发展速度如此之快，主要缘于我国的宏观环境有了进一步的改善，政府及各职能部门不但重视创业投资的发展，通过各种方式进行倡导，而且提出了鼓励发展创业投资的政策和措施。例如，1999年8月20日颁布的《中共中央 国务院关于加强技术创新，发展

---

① 成思危：《中国风险投资年鉴2002》，民主与建设出版社2003年版。

高科技，实现产业化的决定》提出，“要培育有利于高新技术产业发展的资本市场，逐步建立风险投资机制，发展风险投资公司和风险投资基金，建立风险投资撤出机制，加大对成长中的高新技术企业的支持力度，加速制定相关政策法规，规范创业投资的市场行为。优先支持有条件的高新技术企业进入国内和国际市场。在做好准备的基础上，适当时候在现有的上海、深圳证券交易所专门设立高新技术企业板块”。

2001 年我国的创业投资发展步入调整期。从国际上看，随着美国经济增长速度减缓和世界各主要资本市场持续低迷，特别是美国的纳斯达克市场指数的不断下挫，全球创业投资发展的步伐开始放慢，创业投资的筹资额、投资的项目和支持的 IPO 企业数量都有较大幅度的下降。近年来，我国创业投资行业不断发展，政府推出相关政策积极支持，使我国创业投资得到稳步快速发展。截至 2014 年底，我国的创业风险投资各类机构数达到 1551 家，相比 2013 年增幅达 10.2%，创业投资资金总量已达到 5232.4 亿元，增幅达到 31.7%；到 2016 年，我国创业投资额已达 6232.22 亿元。① 由此看出，我国创业投资发展表现良好，进入了理性发展的扩张期。

3. 我国创业投资市场的前景

近年来，我国政府提出“大众创业，万众创新”的号召，推动中国经济继续稳定前行。创业投资作为一种适应生产力发展而产生的创新型金融活动，具有极强的发展潜力和适应性，其自身机制会不断调整以适应经济和社会的发展，同时也会推动社会关系做出适应新生产力的调整。另外，社会的发展也会使影响创业投资发展的外在因素得到快速发展，这种发展将会改变创业投资的基础和环境，最终使创业投资的发展和社会的发展形成一个良性循环。我国应该加快发展创业投资，一方面为过剩资本提供合理出口，为社会资本提供升级版的投资渠道；另一方面防止投机性力量过早形成和过度积累，提高资本回报率和资金利用效率，引导社会资金支持实体经济特别是创新型企业的发展。

当前，我国经济发展已经进入新常态发展阶段，在供给侧改革的背景下，经济结构向“调存量”与“优增量”并举，经济发展更加重视科技和创新等新的经济增长点对经济的促进作用。随着 IPO 市场重新开启，资本市场的不断完善更加有利于创业风险资本的顺利退出，因而更加激发了投资者对创业投资行业的信心和热情。

关键词

创业投资　联合投资　组合投资　政府基金投资　社会责任投资
种子投资　天使投资　VC 投资　PE 投资

---

① 胡志坚等：《中国创业风险投资发展报告 2017》，经济管理出版社 2017 年版。

本章小结

创业投资是指向具有高增长潜力的未上市创业企业进行股权投资，并通过提供创业管理服务参与所投资企业的创业过程，以期在所投资企业相对成熟后通过股权转让实现高资本增值收益的资本运营方式。创业投资主要偏向于高成长性的创业企业，一方面通过资金和管理等方面的援助帮助创业企业起步和发展；另一方面促进资本的增值，通过投资获得企业部分股权，当企业逐渐成型、发展壮大时，企业的股票可以上市，创业资本家通过在股票市场抛售该企业股票获得高额回报。

创业投资的类型有三种划分方式。第一，按投资形式可划分为联合投资和组合投资；第二，按投资主体可划分为政府基金投资和社会责任投资；第三，按接受投资企业发展阶段可划分为种子投资、天使投资、风险投资和私募股权投资。创业投资作为一种适应生产力发展而产生的创新型金融活动，具有极强的发展潜力和适应性，其自身机制会不断调整以适应经济和社会的发展，同时也会推动社会关系做出适应新生产力的调整。

思考题

1. 简述创业投资的含义。
2. 创业投资的类型有哪些？
3. 简述我国创业投资发展过程。
4. 简述国外创业投资发展过程。

第2章

创业投资项目评估要素

创业投资具有高风险和高收益并存的特点，在未来扑朔迷离的情况下，如何评估一个项目的价值考验着投资人的判断力，每个投资人在自己内心都有自己遵从的规则和偏好，这就是一种投资的逻辑。总体而言，投资人考察项目的基本要素一般包括创业团队、产品与技术、行业状况和商业模式这四个要素。

2.1 创业投资对象的创业团队

创业团队是指在创业初期，由一群才能互补、责任共担并愿为共同的创业目标而奋斗的人所组成的特殊群体。在创业的过程中，人才是相当重要的，由各种人才组成的一个创业团队决定着项目能否获得成功。在一个企业中，一个员工的作用就像是一台机器中的某个零部件，而团队则是这些零部件的组合。一台机器通常是做不出产品的，单独的一个零部件更发挥不了作用，只有组合才能使各个组成部分的作用得到充分的发挥。创业团队评估要素如图2－1所示。

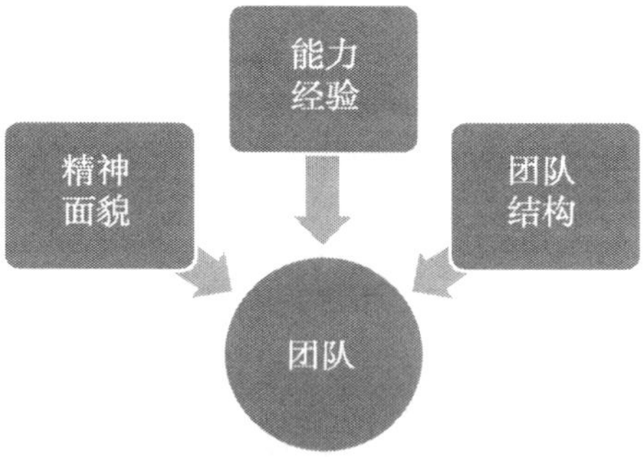

图2－1　创业团队评估要素

2.1.1　创业团队的精神面貌

在投资商看来，一份出色的创业计划是具有可复制性的，但一支团队的精神面貌却是不可复制的。在他们看来，投资在本质上就是对人才和团队的投资。作为成功创业者代表之一的比尔·盖茨如果没有七人智囊团的帮助，难以想象微软如何从创立初期的小微企业发展为如今举世瞩目的科技巨头。部分研究发现，同时具有以下四种特质的创业者取得成功的可能性更大：

（1）团队与协作精神。团队精神就是大局意识、协作精神和服务精神的集中体现。团队精神的基础是尊重个人的兴趣和成就，核心是协同合作，最高境界是全体成员的向心力、凝聚力，反映的是个体利益和整体利益的统一，并能保证团队组织的高效率运转。团队精神是组织文化的一部分，良好的管理可以通过合适的组织形态将个人安排在适合能力发挥的岗位，充分展示团队集体的潜能。创业想要成功，必须要有一个好的团队，在整个企业的运营上，从生产到管理到服务，没有一个优秀的团队配合，不可能生产出好的商品，更不可能给消费者提供满意的服务。

（2）创造性思维能力。创新创业人才必须具备创造性思维能力，注重创造性思维习惯的形成。根据实际信息来看，创造性思维主要是指在创造性活动中或需创造性解决问题情境下表现出的具体思维能力，是发散式思维和聚合式思维的统一体现。与此同时，创造性思维能力也是促使相应人员形成创造性思维习惯的关键。因此，注重创新创业人才自身创造性思维及习惯的培养，是确保其后续发展与当前时代发展形成同步统一性的关键。

（3）正确合理的价值观。从现实角度出发，在创新创业过程中，创新创业人才自身如果未能形成正确合理的价值观，其整个创新创业方向便很难得到保障。如果无法坚持“初心”或本身出发点是“错误”的，即使自身有创新创业能力，也会使整个创新创业过程无法体现健康性和实际性。而创新创业项目往往是在符合人的价值需求基础上开展进行的，要符合人们对美好事物的感知规律才能获得广泛认可，因此，具有正确合理的价值观非常必要，是创新创业人才能够充分发挥自身才能，最终走向成功所不可或缺的重要特质。

（4）坚毅的品格和积极的心态。坚毅的品格和积极的心态可以保证创新创业人才在创业过程中冷静、理性地面对各种困难和危机，快速适应创业期间不断变化的环境要求，迎接各种机遇和挑战；可以促进创新创业人员自身实时调整能力的发展，从而使最终创业目标及创业效果得到保障，最大限度地提升创业成功概率。

2.1.2　创业团队的能力经验

由于信息不对称的存在，能力经验是一个团队能否得到认可的关键点。一般而言，拥有丰富经验的团队解决问题的能力也会更强，可以降低投资风险。很多投资人在意创业者在某一个行业的成功经验，对他们以前工作过的公司非常看重，如在百度公司、阿里巴巴集团、腾讯公司（BAT）工作过的创业者在互联网行业更容易得到青睐。这种评价方式有些道理，但也不能过度信赖这一判断标准，因为在一家知名大公司的工作经验和创业需要的能力并非一回事，以前的成功经历和创业成功也并非高度关联。

在一个快速发展的时代，经验也是一把“双刃剑”，它让创业者有章可循，但也会导致因循守旧。除了基本的能力、经验外，投资人往往对团队创业发起者（以下简称“创业者”）的领导力格外关注，因为创业者作为企业的领导者，要带领一群人完成一个挑战性目标，那么考察创业者的领导力就非常重要。领导力是可以分解和量化的，创业者的领导力包括以下要素：

（1）领导自我。只有领导好自我，才能领导好他人和创业。创始人的使命、愿景、价值观就是领导自我的核心要素，用儒家的话来说就是“诚意正心”。一个创业者的战略战术可以调整，但使命、愿景、价值观最好保持稳定。只有当创业者的使命、愿景、价值观能被人清晰地感知到时，才能吸引意气相投的人参与进来。

（2）创业者必须非常善于学习。这是领导自我的重要因素，大致等同于儒家的“修身”。创业每天都在面对新情况，能不能在很短的时间内解决问题，往往决定创业的成败。这里所说的学习不局限于读书上课，而是快速获得一门新技能的过程。有的人通过读书上课学习，有的人通过和他人交流学习，有的人通过实践和反思学习，完整的学习过程应该兼而有之。

（3）创业者需要具备良好的领导他人的能力。领导他人需要三种彼此关联的能力：凝聚力；激励团队的能力；培养团队不断成长的能力。这三种能力都是以领导自我的能力为基础的，相当于领导自我能力在组合中的外化。首先，凝聚对的人需要创始人有非常清晰的使命、愿景、价值观，只有这样才能感召他人。凝聚人的过程中还要有识人、用人的能力，了解每个人的优点、缺点以及如何为组织所用。柳传志有一句有名的九字真言——“搭班子、定战略、带队伍”，凝聚人就是“搭班子”的过程，将其放在“定战略”之前是有道理的，因为战略是由创业者和核心团队慢慢塑造出来的。激励和培养团队则和“带队伍”相对应。当班子搭建好之后，能否使团队有效地制定和执行战略，这就是“使众人行”。创业者应该花大量精力在激励和培养团队上，一个组织的文化往往是创业者气质的外化。

一个优秀的领导者通常深谙人性，他们知道每个人的动机，并在物质和精神层面去激励团队，让团队做出单个人无法完成的工作。一个优秀的领导者也通常是一个优秀的教练，他们知道如何赋能于人，让下属在能力和意愿上都向创业者期待的方向看齐。创业者一开始可能要做很多一线工作，如技术、产品和市场，但当企业具有一定规模之后，他必须把工作重点放在领导他人上，也就是找人、激励人和培养人，只有这样企业才能做大。

2.1.3　创业团队的团队结构

从人力资源管理的角度来看，建立优势互补的创业团队是保持团队稳定的关键。在创建一个团队的时候，不仅要考虑成员相互之间的关系，最重要的是考虑成员之间的能力或技术上的互补性。太阳微系统公司就是一个非常值得借鉴的例子。创业初期，维诺德·科尔斯勒找来的三个人分别是软件专家、硬件专家和管理专家，这样创业团队就非常稳定，稳定的团队为太阳微系统公司带来了稳定的发展。

创业团队是任何一个公司人力资源的核心，在建立创业团队的时候，“主内”与“主外”的不同人才、耐心的“总管”、具有战略眼光的“领袖”和技术与市场方面的人才都应该尽可能地考虑进来，保证团队成员的异质性。创业团队的组织还要注意个人的性格与看问题的角度。如果一个团队能够拥有总能提出建设性和可行性建议的成员以及能不断地发现问题的批判性的成员，对于创业过程将大有裨益。作为创业企业核心成员的领导者还有一点需要特别注意，那就是一定要选择对团队项目有热情的人加入团队，并且要让所有人在创业初期就有每天长时间工作的准备。

2.2　创业投资对象的产品及技术

企业之间的竞争归根结底是产品的竞争，更低的成本、更高的销售额以及产品的差异化一直是企业追求的目标。产品评估要素见图 2－2。

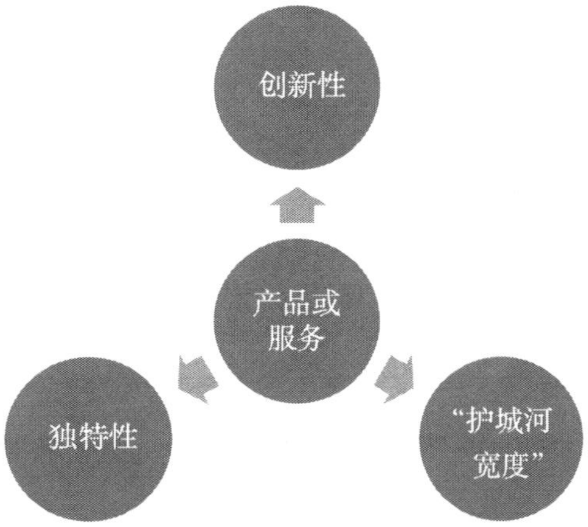

图 2－2　产品评估要素

2.2.1　投资对象产品的创新性

大海之所以波澜壮阔、生生不息，是因为不断有水流注入；人也因为有了学习新知识的能力才得以不断成长。对于一个企业来说，不断发展壮大的动力是创新，尤其是在各个行业竞争都异常激烈的当下，创新更成为一个企业竞争力和实力的重要体现，失去了创新能力，企业也就失去了生机和活力。下面从正反两个例子来解释创新对企业发展的重要性。

（1）坚持创新使“小喇叭童装”在行业中脱颖而出。童装市场在近几年呈现出迅猛发展的态势，各种童装品牌纷纷诞生。虽然我国的童装市场活力旺盛，但同质化现象严重，很多品牌没有自己的特色，最终只能淹没在茫茫的市场大潮之中。“小喇叭童装”却始终坚持创新，在行业中走出了一条具有自身特色的道路。“小喇叭童装”借鉴国外先进模式，同众多童装厂家建立合作，打造出了一个童装名品汇。“小喇叭童装”汇集了众多不同品牌、不同风格的服装，解决了目前很多童装品牌存在的产品风格单一的问题。它所打造出的这种经营模式通过减少中间环节使产品价格得以大幅度降低，直接让利于消费者，提升自身的人气。“小喇叭童装”的创新还体现在其他方面，如它创造性地为经销商打造出实体店和网店同时运营的模式，帮助经销商提升影响力和产品覆盖范围，走在了同行业的前列。

（2）失去创新先机让诺基亚公司退出历史舞台。诺基亚公司这个昔日的手机巨头用自己的惨痛经历向世人展现了失去创新先机的代价是多么惨重。2009 年之前，诺基亚公司还是手机行业的“龙头老大”，但它却没有把握住智能手机创新的先机，让苹果公司和三星公司走在了自己的前面，当它醒悟过来进行弥补时，却发现为时已晚，最终的结局就是宣布退出手机市场。

综上所述，创新对于企业来说就好像火箭的燃料，一旦缺失最后便只有“陨落”的结局。“问渠那得清如许，为有源头活水来”，企业要把目光放远，乘上创新的翅膀，才能在市场中尽情翱翔。

2.2.2 投资对象产品的独特性

独特性也称原创性或初创性，是指产品经独立创作产生而具有的非模仿性和差异性。《从 0 到 1》的作者，有“硅谷创投教父”之称的彼得·蒂尔认为，只有自身具备独特性的企业才能成功，特别是科技企业，只能成功一次，之后再去重复模式是不能成功的。科学是实验，是公式，是可以不断重复且可以精确、精准地记录某一个实验的过程，只要有了这个方法、这样一个公式，以后不管怎样算最后结果都是一样的。但是，做企业是不一样的，特别是科技企业，重复他人的模式永远不可能成功。

所谓“创业”，既不是头脑发热的“下海”，也不是普通的专业性比赛或科研设计，其实质是要求创业者能结合自己的专业特长，根据市场前景和社会需求开发出具有自我独创性的创新成果，并把研究成果转化为具有一定特色的产品，创造出可观的经济效益，由知识的拥有者变成为社会创造价值、做出贡献的创业者。创业最终要生产出新的产品或者创造出新的商业模型，唯有新颖化、差异化才能在万千产品中脱颖而出，而“新”的体现主要取决于它的独特之处，也就是它与普通大众的不同之处，所以，实现产品的差异化在创业过程中是非常关键的一环。如家酒店的成长过程就是一个比较典型的例子，其成功主要源于其产品的差异化。酒店作为一个传统的行业，各经营商乃至整个市场通常都只是根据各家酒店的装潢设计程度、提供的服务类别等将其按星级划分为不同等级，却没有一个聚焦差别，即并未将酒店客户的具体需求考虑进去，也就是没有认识到客户群体差异化的本质。一般住酒店的客户有商务和休闲差别，对于商务客户来讲有一些设施是不必要的，比如浴缸，如家基于此类客户的特点把浴缸改为简单的淋浴，通过减少此类物品来增加一些别的设施，在同样的有限空间里让客户体验到一种针对商务方面来讲特别实用的服务，这就是如家的产品差异性。如家成功的关键点仅仅就是区别以往酒店的人群分类风格而聚焦于商务实用。

2.2.3　投资对象产品的“护城河宽度”

随着社会的发展，内外部环境变得更加复杂，企业要想立于不败之地，除了要适应市场的变化外，更重要的是建立本企业的核心能力，形成自己的独特优势，构筑企业产品的“护城河”。产品的“护城河宽度”衡量了产品被模仿、被替代的难易程度，一定程度上也反映了产品优势的大小。企业产品的不可替代性越强，越不容易被其他竞争者所模仿，那么企业成功的可能性就更高。

毋庸置疑的是，创新创业必须对接消费者需求，关键是企业该如何有效地完成这个对接过程呢？消费者需求一般又可细分为两种：一种是显性的，即消费者已经意识到但现有产品无法满足的需求；另一种则是潜在的，即连消费者自身都没有意识到的需求。第一种需求比较容易发现，大部分企业会针对这部分需求进行创新。这种创新固然重要，但也有劣势：大部分门槛较低，可替代性较强，带来的收益和可持续性有限。相比而言，针对消费者潜在需求的创新，也就是创需式创新具有很大优势。这样创新出来的产品不可替代性强，极易成为市场的新宠。处于优势地位的生产者能获得更多议价权，超额利润随之而来。

德国西门子公司便是通过创需式创新方式获得成功的典范。西门子公司经过深入研究，认为楼宇节能改造的潜在需求巨大，于是大力发展楼宇节能技术。有了这些技术后，西门子没有坐等客户，而是主动帮助客户挖掘其潜在需求。方法颇为特别：客户不必承担任何费用，楼宇节能改造的资金和技术全部由西门子投入，用节能收益弥补项目成本。由于节能收益远大于项目成本，双方都能受益。通过这种能源合同管理模式，西门子已在全球范围内帮助改造了超过6500座大楼，节能总额超过10亿欧元。

此外，手机行业也是现成的例子。苹果公司敏锐地发现了人们对触屏产品的潜在需求，创新出iPhone、iPad等产品。这些产品风靡世界，苹果的股价也从100美元一度飙升到600多美元。反观手机行业曾经的“领头羊”——诺基亚公司，正是因为没有及时意识到消费者的这种潜在需求而在竞争中败下阵来，渐渐失去消费者的宠爱。自苹果推出iPhone到2012年4月，诺基亚市值已下降了近700亿欧元。

彼得·蒂尔曾说过，垄断是对创新的一种奖赏。垄断的类型并不唯一，谷歌的搜索引擎和Android系统，代表着一种最高级别的技术垄断；而苹果公司则代表着一种对手机行业品牌势能的垄断；微信是对社群的垄断……任何一种垄断的产生，其根源都是产品在特定领域的无可复制性。独特必定会产生价值，垄断企业所获得的巨额销售利润正是对这种独特的创新的奖赏。换言之，创业者的目标就应当是在自己耕耘的领域中取得垄断，并不断加以巩固。

2.3 创业投资对象所处的行业状况

创业项目所属的行业很大程度上决定了项目的成败。中小企业应当把握时机，选取政府政策要求扶植的行业和产业，并依托自己原有的专业背景进行创业。

对于中小企业而言，自身的经济实力薄弱，融资也相对困难，因此企业的发展方向至关重要。中小企业创业成功的类型一般都是市场需要的行业，如高端服务业、居家养老服务、社会商贸流通等方面，这些行业企业创业成功的概率非常高。此外，新兴的“互联网+‘专业’”类型处于创业良机，但此类创业者需要有深厚的专业背景。投资者评估项目行业状况参考的要素如图2－3所示。

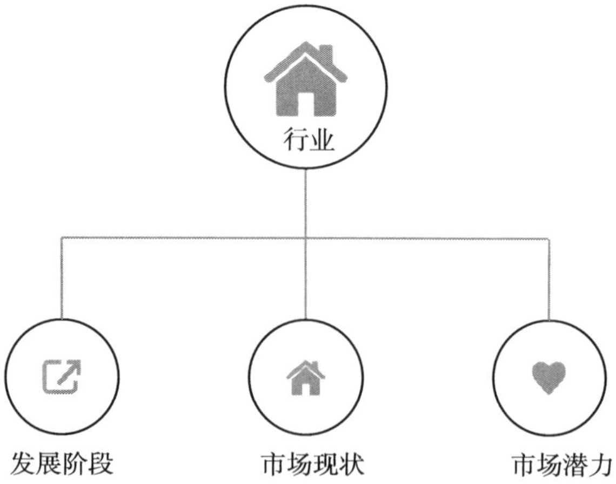

图2－3 行业评估要素

2.3.1 投资对象所处行业的发展阶段

一般行业发展要经历以下四个阶段：

（1）暴利阶段，也就是起始阶段。一个新兴的朝阳行业在开始的时候并不是每一个商家都能掌控的，市场的不确定性和投资的风险性让他们望而却步。这个阶段只有真正的“弄潮儿”和投资者，才会得到幸运的垂青，让他们赚得盆满钵满。

（2）无序竞争阶段，也就是发展阶段。人都有趋利避害的特性，随大流虽然占据不了市场的制高点，但至少不会赔本。对于一个暴利行业，资本会大量涌入，扩大生产、盲目竞争，这个时候泥沙俱下、鱼目混珠。

（3）垄断阶段，即成熟阶段。市场对某个产品的容纳是有一定量的要求的，就好比一个人的胃，只能一次性消化掉一定量的食物。盲目的竞争带来大量产品的积压，资金都积压在库存上面，小的或者经营不善的工厂承担不起发展到这个阶段的“阵痛”，纷纷“流产”；市场慢慢地整合、规范，管理好的公司就会走向垄断。

（4）衰亡阶段。历史的车轮滚滚向前，市场也在千变万化，发展最终将使新事物不断替代旧事物，这是千古不变的命题。

股权投资市场中，投的是具体的公司，公司的成长直接关系到投资回报的高低。公司所处的行业发展前景，决定公司未来发展的速度、高度和深度。因此，投资人参与股权投资时，一方面会选择自己熟悉的行业或领域；另一方面，会选新兴行业、朝阳行业、与人们衣食住行息息相关的行业，通常不会投资于传统没落行业，如“三高一资”（高成本、高污染、高能耗、资源型）行业。

2.3.2 投资对象所处行业的市场现状

投资人在对初创企业市场进行评估时，一般将市场分为“红海”和“蓝海”两类。红海市场是指现有竞争为白热化的血腥、残酷的市场；而蓝海市场代表着亟待开发的市场空间，蕴含着高利润增长机会。投资人往往更青睐蓝海市场，现以旅游行业的两个案例来对此进行阐述。

（1）红海市场案例。在线旅游竞争日益激烈，但趋同性越来越大，大部分平台都想靠规模取胜，然而从现实来说，就算背靠淘宝、支付宝的阿里巴巴都接二连三亏损。一方面，在线旅游内部竞争激烈，如携程、途牛、同程和驴妈妈之间竞争惨烈。在线旅游先是价格战不断，各平台拼特价、拼低价、拼补贴，目的是吸引用户的关注，引发媒体的曝光。同时，“口水战”激烈。例如，2015 年第四季度，中国在线度假旅游市场交易规模达到129.97亿元人民币，其中，途牛2015年第四季度交易规模为34.0亿元人民币，市场份额增至26.2%，首次超越携程，位居行业第一。此举受到携程的猛烈反击，双方的概念和定义完全不同。携程、去哪儿、艺龙等在线旅游公司公布的营业收入为佣金收入；而途牛公布的营业收入完全是另外一个概念，绝大部分都是按照交易额来确认的。

另外，BAT巨头的加入升级了战况。BAT巨头加入旅游市场争夺战，本身就已经很拥挤的在线旅游市场又加入阿里旅行、百度旅游等，这让市场竞争再度升级。据悉，携程与北京首都旅游集团有限责任公司及北京众荟信息技术有限公司签署了战略合作框架协议，而在携程公布这一消息的前两日，阿里旅行与首旅酒店共同成立的“浙江未来酒店网络技术有限公司”正式揭牌。BAT巨头和原有的在线旅游行业的“领头羊”开启“贴身肉搏”的竞技赛。

（2）蓝海市场案例。对于旅游者来说，住宿包括酒店式标准化住宿和民宿形式的非标准化住宿。在酒店预订服务方面，在线旅游企业仍能主导品牌酒店的业务预订，并将其价格战的利润亏损转嫁给酒店，所以酒店仍处于水深火热的状态。相反，在非标准化住宿领域出现了各种定位的垂直性短租电商，发展势如破竹。例如，途家有20多万套房子；木鸟短租覆盖全国396个城市，并且开通东亚、东南亚境外民宿预订，房源基数达到40多万套，开启“地主之谊”的本地人服务功能。同时，短租市场形成途家、木鸟短租、小猪三分天下的格局。民宿研究报告显示：2016年上半年民宿短租市场份额中，途家占比40%，木鸟短租占比28%，小猪占比18%，各家越来越朝着精细化和规模化的方向发展。与相对饱和的酒店预订服务相比，民宿平台发展还处在企业发展的中前期。

由上述例子可以看出，红海市场和蓝海市场的竞争环境相差很大，对于投资者来说，蓝海市场由于缺少竞争者且更具潜力，会是更好的投资对象。

2.3.3 投资对象所处行业的市场潜力

投资者看重的市场潜力主要是企业后续发展的空间，并不是更大的行业就会有更大的潜力，有时候一些无人关注的细分小行业反而存在很多商机，潜力无穷。人们在谈论企业的时候，总是要谈到去追寻那些大的市场，如果有一个大公司要找大市场，这是对的。如果是创业公司，就要从小开始；如果要迅速地获得垄断，那么要从小市场开始，然后逐步垄断这个小市场，因为最关键的不是市场规模的大小，而是所占市场份额的大小。现在通过两个例子进行阐述。

（1）一个比较典型的从小做大的案例就是Facebook。最初Facebook的市场只不过是哈佛大学的12000名学生，大部分投资者都会认为这个市场太小，对它不感兴趣，感觉不可能靠这个市场发展企业。然而，Facebook的服务从零开始，在10天之内达到市场份额的50%，然后不断地发展到其他的大学并且强大起来。这表明，创业者可以从一个相对较小的市场开始，然后努力对这一市场进行扩展，逐步扩大市场规模。

（2）关于大市场失败的案例，其中一个就是美国过去10年的清洁能源行业。创业者在这个行业投入了巨额资金，但很少有公司生存下来，大部分公司都倒闭了。导致它们失败的原因中很重要的一点是没弄明白应该找多大规模的市场。2005～2008年，清洁技术公司认为清洁能源市场非常大，这个市场价值万亿美元，即使企业的市场份额只有1%，也会有很多利润。但事实上，在这样一个市场上竞争特别激烈，企业很有可能是活不下去的。

投资人一般喜欢这样的企业：有一些技术并且技术要比别人好得多，这样就可以获得人们的关注，从而取得最初的突破。其中最关键的是，技术不能只是好一点，而是要好很多。例如，亚马逊最初是在美国做图书销售的企业，但是其销量比实体书店的销量多10倍，它就可以产生质变。因此，关于创业，最初的市场即使很小也不代表没有潜力，反而应当发现一些别人忽略的商机并且在技术产品上精益求精，在小市场中取得一些真正的优势，这样才能够把该行业的潜力发挥出来。

2.4 创业投资对象的商业模式

商业模式是指企业提供哪些产品或服务，企业采用何种途径或手段、向谁收费来赚取商业利润。通俗地说，即企业盈利的逻辑。商业模式的评估要素见图2－4。

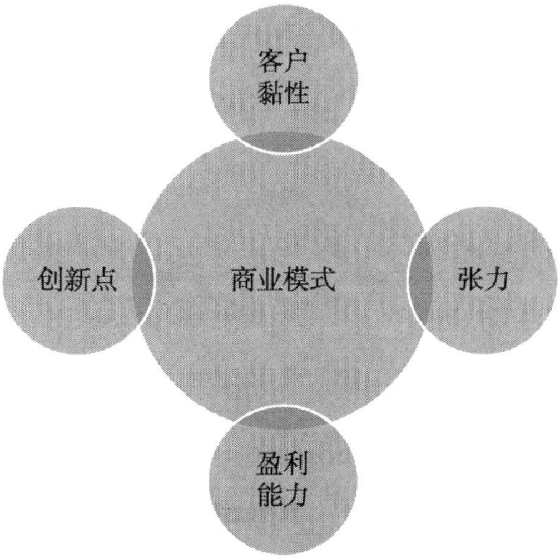

图2－4　商业模式评估要素

2.4.1 商业模式的创新点

很多创业者确实选择了一个足够大的市场，但是商业模式的要素中没有亮点。做生意很行，但真要融资，投资者就没有多少兴趣了，因为按照这样的商业模式进行投资，投资人估计10年都没有回报。所以，很多投资方对融资方问的第一个问题往往是：你的商业模式是什么？

就创新而言，商业模式的创新比产品创新和服务创新更为重要，因为它涉及整个公司的价值创造系统。真正的变革绝不局限于伟大的技术发明及其商业化，变革的成功在于把新技术和恰到好处的强大商业模式相结合。商业模式创新可以改变整个行业格局，让市场重新洗牌。这种创新由来已久，无论是沃尔玛还是百思买以及西南航空和亚马逊，都是商业模式创新造就成功的典型案例。

商业模式涉及公司的方方面面——战略、运营、人力资源、创新、财务等，因此，创新商业模式是一个系统工程，其难度也要比单一功能的创新难得多。在审视企业的商业模式时，应重点关注其是否以“客户价值主张”的创新为核心、是否以关键资源和关键流程为依托、是否以赢利模式为财务安全的基准线和寻求各个方面的协调发展。

2.4.2 商业模式的客户黏性

客户黏性，即让客户持续地选择我们。这种商业模式打破了过去短期贸易的理念，致力于最大化与客户的交易周期，即最大化客户黏性。为了这个黏性目标，企业可以选择某一业务不追求盈利，甚至可以选择主营业务不追求盈利，靠其他附加或衍生的业务去赚钱。

这里举一个关于小米的案例。雷军所宣扬的理念比如说最优性价比、很好的时机、怎样做好粉丝经济等，大家都应该很熟悉了。雷军在近 40 岁时开始创业，他在还没有做出自己产品的时候就已经融了好几轮资，这其中的原因值得我们思考。雷军依靠多年积累的人脉来融资，初期投资人都是他比较熟悉的朋友，但更重要的是，他明确表达了他头脑中的商业逻辑。这个阶段雷军并没有明确他的产品，但他想到了互联网经济时代一个很关键的概念——用户黏性。

上述例子就是我们常说的粉丝经济，翻译成商业模式的底层逻辑即从与客户单次交易的做法转变成持续性交易。雷军的商业模式做到了这点。这也就是为什么小米在没有任何产品的时候可以估值上亿元的主要原因，由此也突出了创业企业客户黏性的重要性。

2.4.3 商业模式的张力

商业模式只是一个商业逻辑的描述框架，并不是固化的，当具体到一家企业或一个项目的时候，需要不断迭代和完善。所谓张力，不仅仅体现于商业模式本身对于目标市场的适应性有多强，更体现于这种商业模式对于目标市场的塑造性有多强，商业模式容纳创新要素的弹性有多大，被持续迭代的想象力就有多强。

苹果公司在商业模式张力方面做得比较好，它在设计和整合上取得了成功，而且风险很小。所有的苹果产品及程序之间工作协调得非常好，但和其他竞争对手的产品就不能友好兼容了。这就是为什么一个人购买了一款苹果产品之后，他会需要购买第二款、第三款苹果产品。苹果将近3/4的营业收入都来自iPhone，这让苹果公司成为一家可以依靠精而少的产品获得成功的公司。苹果公司通过外包零件生产和组装工作减少了研发开支，同时推动了公司股价上涨，这也是苹果公司能够以惊人速度增长的主要原因之一。

苹果公司的另一个特点是不着急抢先。苹果公司会先让其他公司花时间和精力去研发，让其他公司先进行早期的市场开发，随后苹果才会加入，并加以提升。苹果iPod在索尼Walkman诞生后很多年才到来，但它的到来改变了整个音乐播放器市场。苹果公司并不是简单地抛出一个模仿前辈索尼的产品，而是和唱片公司合作，创造出了一个小巧漂亮的Walkman替代品，取得了成功。除此之外，第一款智能手机也不是出自苹果公司。苹果公司认为，与其争先恐后，不如先让别人开路。

苹果公司商业模式的张力由此可见一斑。它能够根据市场的变化不断优化自身的商业模式、不断进行创新，所以才能够在竞争激烈的手机市场始终走在最前方。

2.4.4 商业模式的盈利能力

对于投资人而言，判断项目时常识很重要，不少项目的失败就是在诱惑面前忘记了常识，而任何违背常识的东西都是不正常的。在投资中经常会看到项目企业有很高的利润率，但是，除非企业有技术、成本、管理上的超高壁垒，否则高利润率很可能有水分。

在盈利能力评估方面，东方富海董事长陈玮先生根据多年经验总结出一些心得：一般情况下，对于销售利润率高于30%的数据，都需要予以特别关注，要用怀疑的目光识别财务数据背后可能的陷阱。此外，对远高于同行的财务指标需要十分小心，比别人聪明一点已经不太容易了，要聪明很多更是难上加难。对项目企业真实经营情况进行判断，可以利用那些经过第三方验证的硬数据，这些信息对审计来说可能不是很重要，但对投资人判断企业投资价值有着很大的参考意义。对于投资人来说，常用的“硬数据”有以下五类：

（1）通过工资表判断企业的人才竞争优势。比较项目企业的员工薪酬与行业平均工资水平，可以看出项目企业吸引人才的能力。

（2）通过水电费、运费单判断企业的生产、销售能力。对于制造型企业，水电费和运费是甄别其生产规模、产能、销售能力的试剂，对于判断企业的真实生产和销售情况有时比从营销入手更为有用和可靠。

（3）通过银行借款判断企业的诚信度和财务弹性。企业如果对自己的发展有信心，其融资的首选一般是债务融资。因此，在企业有可抵押资产的情况下，不选择银行融资是需要关注的，反过来，如果银行给予信用借款，那对企业素质的评价就可以加分。

（4）通过供应商账期判断企业的行业竞争力。账期跟产业链地位有关系，跟项目企业本身也有关系，供应商会比较、了解下游的客户，如果给予的账期高于或低于行业水平，都需要关注。

（5）通过纳税判断企业的盈利能力。一般情况下，没有一个企业会在没有销售或利润的情况下去缴税，因此，完税证明是判断企业销售和利润最直接的方法。

如果投资人收到一份商业计划书，里面有类似“我什么都不缺，就缺钱，如果有了投资，企业利润就会翻倍”的魔术式结论，对于这种项目要格外警觉，必须要对该企业的盈利能力进行客观的评价。当然，有些项目确实可能存在成长的奇迹，如以互联网为特征的企业，但这是一个成一败万的行业，即使有运气投资这样一家企业，也一定要找到可以充分说服自己的理由。

关键词

投资项目评估　　创业团队评估　　产品与技术评估　　行业状况评估

商业模式评估

本章小结

本章主要介绍了创业投资项目评估的基本要素，突出了投资人对创业项目进行评估时重点关注的问题。本章分析了投资人在评估创业团队、产品及技术、行业状况以及商业模式这四种要素时所考察的因素，在理论阐述的基础上，还通过一些经典案例增加了理论的实践性，旨在加强读者对这些内容的理解。

思考题

1. 你认为本章所列举的四种要素中哪一种最重要？为什么？

2. 如果你是投资人，现在有一家在学校经营的咖啡馆找你融资，你将如何评估它的投资价值？

第3章

创业投资的操作流程

创业投资公司做项目的一般顺序如图 3 – 1 所示，有一些投资公司可能会省略其中的一两个步骤。

图 3 – 1　创业投资的具体操作流程

3.1 初步考察与筛选

3.1.1 搜寻投资机会，寻找投资对象

相对于创业者寻找融资时有许多资源可以利用，创业投资者寻找投资对象却并非易事。因为项目虽多，但好项目却不容易找到。对于创业投资者来说，即使一年或更长时间没有签出一张支票也是可能的。

怎样寻找投资机会呢？创业投资者们一般使用三种技术来寻找大部分投资项目。他们通过会议收集名片，通过网盘收集商业计划；他们通过拨打电话、与朋友联系或追踪在大学内部新技术平台工作的创新者等来寻找自己的投资机会；他们也可以入驻企业家或者创业孵化器合作，以此增加自己的投资机会。

创业投资者们寻找投资机会的方式和偏好也与其自身条件有关。在他们职业生涯的早期，创业投资者倾向于参加研讨会，以此作为一种自我营销方式来收集大量名片和认识很多创业者。然而，当一个投资者越来越成功时，他（她）不太可能会参加这样的会议，因为在这些活动上可以获得的优质投资机会很少。

为了看到海量的正在寻找资金的初创企业，创业投资公司可能会邀请创业者通过网站提交商业计划。但是，通过网站提交的商业计划通常被认为是低价值的投资机会。其实，不是每个创业投资公司都会检查这些递交的商业计划。筛选这些商业计划通常都是由公司里最初级的投资者完成的。这些商业计划书能够期待的最好待遇就是它们每季度会被打印出来一次，以确保创业投资公司不会沧海遗珠。

创业投资者也会与融资代理人打交道。融资代理人是那些与初创企业签约、帮助初创企业融资并以此获取手续费用的人。融资代理人会与创业投资者会面，同时推介多个不同的初创企业。

创业投资者也会参加展示潜在投资的午餐会。为了参加这样的推介会，他们也许要交会员费，但这些午餐会提供的初创企业的质量和它的食物一样普通。

一些创业投资公司并不是等着最好的创业者来找它们；相反，它们会主动积极地去寻找投资对象。有些创业投资者会疯狂地阅读科学和专业期刊，借此寻找可供他们商业化的重大发现；另外一些投资者则追踪诸如新公司登记注册备案之类的政府部门文献，以寻找那些可能在他们眼皮底下溜走的初创企业。一位著名的欧洲投资者说，他曾打电话给一位在大型信用卡公司融资部门供职的朋友，以此发现那些成功获得大额贷款融资

的初创企业。

创业投资者为了寻找投资交易机会，一般会首先寻找他们的熟人，这样做的原因是它提供了一个过滤器。创业投资者通常感觉自己像是带着一麻袋现金置身于一个巨大的体育场中央，耳边充斥着各种商业计划的叫喊声，面前是一双双向他们奋力伸出的手，通过朋友、伙伴及其他联系人寻找投资机会则可以把创业投资者从这片喧嚣混乱中解放出来。最好的熟人就是之前一起工作过的人，如果这些人已经获得成功，他们就能为投资者提供帮助。其他的专业人士，如银行家、律师及学术专家等，或许对投资者寻找的初创企业特质有模糊的意识，因而也有可能将好的投资机会介绍给他们的朋友。

其他的创业投资者也会经常介绍一些好的投资机会。这些投资者也许正寻求其他的创业投资公司参与投资辛迪加，或者专注于更大的、更小的以及不同类型的初创企业。有一些参考意见来自天使投资者，还有些可能来自早期创业投资者，他们正在帮助其组合公司进行第二轮融资。

创业投资者总是在大学校园内或校园周边寻找创新项目。现在，大学研究成果在创业投资支持的初创企业中变得越来越有用，当这些研究成果是面向替代能源和效率的应用时更是如此。

3.1.2 初审筛选

走马观花地看一遍商业计划摘要，以决定在这个项目上花时间是否值得。

创业投资者通过阅读创业计划书，凭自己的经验和已有的知识进行判断，并根据创业投资机构有关的投资战略（投资领域、投资阶段、投资规模）的筛选准则，快速过滤不合适的项目。此阶段并没有具体对申请项目进行详细分析和深入调研。60% ~70% 的候选投资项目或企业在早期浏览阶段将被筛选掉。

规模超10亿美元的大型创业投资公司采用的搜寻创业投资机会的常规策略常常被称为“微笑与拨号”。创业投资公司将为它要搜寻的投资机会制定一系列的指导原则，然后雇用一群初级的员工在冗长的公司名称和电话号码单上筛选。这些助理会露出最迷人的微笑，拨通每个公司的电话号码去调查其是否与创业投资公司的投资要求相符。如果公司接通了电话，并且看起来好像符合投资要求的话，资深合伙人就会与这家公司进行洽谈。初级助理们在筛查过程中使用的具体标准因公司而各不相同。将这种策略运用得最出色的是 TA Associates 和顶峰投资（Summit Partners）那样的创业投资公司。这些创业投资公司的目标是成为第一批机构投资者，去投资家族企业、成功自筹资金的企业，或“自主创业”收入超过5000万美元的企业。

3.1.3 面谈和初步调研

审阅商业计划书，邀请创业者或者 MBO 经理人与待出售企业的股东面谈，评估创业企业家和他的团队，这是整个过程中最重要的一次会面。

在约见中，创业投资者向创业者询问有关问题，并让创业者就一些关键问题向创业投资者作一次口头演讲来试图说服创业投资者，创业投资者也从中考察创业者的信心和对项目的把握。一份准备充分的创业计划书反映出创业者清晰的思路和周密的计划，也反映了创业者的管理素质。

在这个阶段，一般只剩下 5% 的项目或企业进入创业投资者的视野。

3.1.4 内部研讨和立项

投资经理们定期开会，对初步筛选出来的项目进行研究，评估投资风险和投资回报率、五至七年后退出的可能性，决定是否需要进行下去。

在研讨时主要会考虑以下几个方面的问题：

（1）企业的经营领域及融资金额符合投资公司的选项标准吗？

（2）产品或技术已经商业化了吗？

（3）创业企业有持续成长或扭亏为盈的潜力吗？

（4）企业的管理团队有能力把握潜在的市场机会，并管理好公司吗？

（5）可能的收益与潜在的风险匹配吗？

（6）估计的投资回报率超过了投资选项标准吗？

（7）企业有能力偿还债务吗？

（8）该公司与已经投资的公司之间是否会产生竞争？

3.2 详细调查与评估

3.2.1 价值评估

价值评估是指根据初步的评估资料对企业的价值进行计算。由于创业投资项目的价值评估更倾向于企业的价值增值能力，而不是单纯的资产价值，所以其采用的价值评估方法也与资产价值评估方法有所区别。常用的企业价值评估方法有现金流现值法、类似交易比较法、市场价格法、资产账面价值调整法和资产价值清算法等。不同的价值评估方法适应于不同类型的项目，也都有各自的优缺点。

创业投资的困难之一是创业项目的价值难以评估。造成这种困难的原因是多样的，首先是因为创业项目未来现金流无论发生时间还是数量都不确定，往往缺乏适当的参照对象。也就是说，无论是创业投资者还是创业者都不清楚创业项目的期望现金流量究竟多大、怎样的贴现率才算恰当。因此，投资双方首先必须树立正确的评估思想，必须保持清醒的头脑，要清楚地认识到世界上并不存在完美的价值评估方法，没有人能对未来给出肯定的估计，价值评估是科学与艺术的结合。

3.2.2 初步谈判和提交条款清单

在投融资双方就投资交易产生初步意向，且于尽职调查启动之前，应向创业者、MBO经理人和待出售企业的股东提交报价书和条款清单。

投资商以一定的资金换取创业企业的部分股权。一般投资公司会要求在董事会有席位，但不会参与企业的日常经营；而另一些产业投资公司或个人投资者则会安排管理人员参与企业的日常经营。为了避免日后可能产生的矛盾，双方必须就经营参与权事先达成协议。资金进入的形式可以有很多种，双方在签署投资条款清单之前应该先商量好。

条款清单是指创业投资者在存在投资意向的前提下向目标企业提交的供最终投资交易使用的，就企业估值、交易结构、投资方利益保护、时间进程、费用等关键内容所作的原则性条款表述，其主要内容包括：

（1）融资额、作价及融资工具；

（2）估值调整条款；

（3）防稀释条款；

（4）（优先）分红权；

（5）股份回购权；

（6）清算优先权；

（7）董事会；

（8）保护性条款；

（9）股票兑现；

（10）领售权。

通常条款清单对双方都是非约束性的，目的是先约定好投资条款，免得最后不能达成一致意见大家浪费时间。

3.2.3 尽职调查

在项目经过初步筛选，双方就一定的投资条件达到共识之后，投资公司就会开始尽职调查。尽职调查是项目评估的重要一环。通过严格的审查程序对拟投资企业的管理团队、市场潜力和技术水平进行仔细的审查，咨询推荐人、客户和供应商，倾听外部专家的意见。

尽职调查的目的是使创业投资者尽可能地发现有关他们要购买的创业企业的全部情况。具体来说，主要包括：核实已经收集的资料；评估投资和经营计划的时间进度；评估销售和财务预测是否实在；发现潜在的投资和经营风险。

从创业投资者的角度来说，尽职调查也就是风险管理。目标公司过去财务账册的准确性、是否存在任何可能导致目标公司运营或财务运作分崩离析的义务等，都是需要调查清楚的潜在风险。因而，创业投资者有必要通过实施尽职调查来弥补投融资双方在信息获知上的不平衡。一旦通过尽职调查明确了存在哪些风险和法律问题，投融资双方便可以就相关风险和义务应由哪方承担进行谈判，同时买方可以决定在何种条件下继续进行收购活动。

尽职调查的内容一般包括以下这些方面，但通常不限于这些方面：

（1）管理人员的背景调查；

（2）市场评估；

（3）销售和采购订单的完成情况；

（4）环境评估；

（5）生产运作系统；

（6）管理信息系统（汇报体系）；

（7）财务预测的方法及过去预测的准确性；

（8）销售量及财务预测的假设前提；

（9）财务报表、销售和采购的票据的核实；

（10）当前的现金、应收应付及债务状况；

（11）贷款的可能性；

（12）资产核查，库存和设备清单的核实；

（13）工资福利和退休基金的安排；

（14）租赁、销售、采购、雇佣等方面的合约；

（15）潜在的法律纠纷。

投资公司一方可能参与尽职调查的人员包括：行业专家或生产（服务）管理专家；财务和税务专家；法律专家；人力资源专家；环境保护专家。

投资与否的决策权总是在投资公司手中，如果尽职调查的结果令投资商满意，接下来的工作就是投资合同谈判和履行投资参股（或收购）的手续。

3.3 投资决策

如果尽职调查的结果还比较满意，项目负责人就会将有意向的投资项目提交投资决策委员会审核。很多创业投资公司都制定有投资决策章程，要求由管理公司投资决策委员会进行项目的投资决策，重大投资事项（往往是单笔投资超过注册资本金 15% 以上的投资项目）报由基金董事会决策。

项目负责人对该投资项目的财务、市场、技术及法律状况进行审慎调查及分析，并在此基础上制作投资建议书报送投资决策委员会。投资决策委员会在做好研究和决策的前期准备工作、审阅有关方面的资料［包括公司重大技改投资、资本运作、资产经营项目的意向、初步可行性报告以及（如有）合作方的基本情况等资料］的基础上，审定投资建议书。对重大战略投资项目，投资决策委员会可以根据工作需要成立专项工作机构。如有必要，投资决策委员会经过委托方董事长同意可聘请专业咨询机构，进行研究论证，为决策提供专业意见。

投资决策委员会在审议有关方案、报告时，就项目的背景、引证来源、承办过程、论证结果、项目可行性，以及风险控制等有关情况，会详细询问管理方代表、项目承办人。

投资决策委员会依据委托方股东及管理方的建议，审议委托方的投资方向、投资策略及投资限制，审定管理方提交的项目投资建议书，审定委托方所有的投资项目及投资方案。

观察员在投资决策委员会的表决中不做商业性判断，只做合规性判断，并对合规性审查合格的投资决策出具《合规性审查函》。有权就投资决策委员会的相关投资或退出议案是否符合相关法律法规、政策、公司章程、《委托投资管理协议》等事项进行审核，并往往对相关投资或退出议案不符合相关规定的情况（如关联交易等）拥有一票否决权。

项目由投资决策委员会审核通过后，就进入谈判与签订合同阶段。

3.4 谈判与签订合同

谈判与签订合同的过程中，要确定协议书、草拟执行方案，尽量使创业企业家和创业投资商的目标达成一致，成为最佳合作伙伴。

投资资金进入被投资企业的账户之前，双方需要先协商企业作价、投资条款并签署各种法律文件。在签署了投资条款清单并通过尽职调查之后，投资公司就会发一份正式报价书（offer – letter），其中包括主要的投资条款、尽职调查的结果说明，以及双方谈判达成的一致意见。报价书虽然没有法律约束力，但却显示了投资商对创业企业商业计划的肯定和明确的投资意向。

企业收到报价书后，双方可能还要进行一轮谈判，最后律师根据双方达成的协议准备各种法律文件（completion）。创业企业或经理人团队需要有代表自己一方的律师，并切实弄懂文件里法律条款的含义。

最后应签署的文件一般包括：

（1）投资协议（或股权购买协议）；

（2）雇佣协议与不竞争协议；

（3）股东协议；

（4）知识产权协议；

（5）其他附属协议；

（6）新的公司章程。

3.5 投资后管理

3.5.1 投资后的监管

创业投资是指向创业企业提供投资和管理服务，使其实现价值增值，然后通过退出获得投资回报的商业活动。创业投资者在投资创业企业后，会在董事会中扮演咨询顾问的角色，定期审查创业企业的经营报告和财务分析报告，对创业企业进行帮助和监管。

创业企业不断发展过程中，每个阶段遇到的问题不尽相同。创业投资者依据创业企业所处的成长周期阶段、所处经营环境等的不同，提供不同的管理服务。一般来说，包括以下内容：完善创业商业计划；制定企业发展战略；设计企业组织结构；制定企业管理制度等。

3.5.2 寻求退出机会

创业投资一般并不追求创业企业的经营性回报，而追求其市场价值的整体提升。所以，创业投资会选择有利于自己的方式和时机退出创业企业。一个创业投资循环结束于投资退出，蜕资是创业投资运行过程中“关键的一跳”。资金能否安全撤出、能实现多大程度的回报，最后落实在退出的方式与策略上。因而，成功的创业投资者总是在投资计划之初就精心设计蜕资路线，并一直实现最佳的退出。因而说，创业投资是“结婚前就考虑好如何离婚”的投资。在创业投资的发展过程中，主要有以下四种退出方式。

1. 首次公开募股（IPO）

IPO是指在证券市场上第一次向一般公众发行创业企业的普通股票，也即创业企业上市。在创业投资发展过程中，IPO的作用功不可没。正式IPO为创业投资者创造了高额回报，从而导致创业投资规模的不断膨胀和繁荣。在创业投资发展历史上，创造了被人们津津乐道的无数神话。苹果公司首次募股获得235倍的回报收益；莲花公司的回报是当初投资的63倍；康柏公司是38倍。这些成功案例为创业投资树立了激动人心的成功典范，也诱导创业投资者追逐IPO退出方式。

2. 出售（sale）

由于IPO有很多限制条件，创业投资者还看中另外一种蜕资方式——出售创业企业。出售包括公司收购（trade sale，又称一期购并）和金融收购（financial sale，又称第二期收购）。前者主要指创业企业由其他公司收购兼并；后者指创业企业由另一家创业投资公司收购，接受后续投资。

3. 股份回购

对大多数创业投资者来说，以股份回购方式实现资本退出往往是不得已的选择。一般来说，在创业投资领域，只有不太成功的投资才采用这种方式。创业企业或创业者本人回购创业投资时，可以采取现金、票据等形式支付，也可以通过建立一个员工持股基金（ESOT）来买断创业投资者持有的股份，还可以借助信贷资本、其他创业投资家的投资，以及期权等方式来完成回购。

4. 破产清算

创业投资是有巨大风险的投资，其失败比例相当高。对于创业投资者来说，一旦确认创业企业失去了发展的可能，或其成长过慢不能获得预期回报，就必须果断蜕资，尽可能地收回资金，避免更大的损失。据研究，清算方式退出的投资大概占创业投资基金总投资的32%，这种方法一般仅能收回原投资额的64%。清算蜕资是痛苦的，但在很多情况下又是必须断然采取的方案。

创业投资通过破产清算蜕资时，创业企业可能已经资不抵债可以申请破产；或者只是经营情况不符合创业投资者的预期水平，于是创业投资者和企业管理层协商决定结束经营，进行清算。一般情况下，创业投资不会等到创业企业资不抵债时才退出，这时创业企业债权人的权利都已无法得到保障，更不要说作为权益资本的创业投资的利益了。

为了对本章内容进行更全面的论述，在此举一个案例对上述内容进行说明。

中国创投经典案例——亚信①

亚信（AsiaInfo），无论在中国电信业还是风险投资领域都是耳熟能详的名字。作为IT产业最早一批海归创业企业，这家公司远远地走到了大多数创业企业的前面，从1995年开始，7年时间铺就了中国60%以上的因特网基础网络并提供大量应用软件产品，逐步奠定了它在中国电信行业的地位。

不仅如此，亚信更被奉为中国风险投资界的经典，创建之初便与风险投资结缘的它，经历了从天使投资人、机构投资者到基金投资、战略投资几番融资，最终于2000年3月在美国纳斯达克成功上市，成为国内迄今为止最完整、最具可证性的创业投资案例，其不同阶段的商业模式和融资需求、各类投资方在融资过程中的技术操作，以及对企业内部产生的影响都极具代表性。

天使投资，挖掘第一桶金

1993年，“信息高速公路”的概念开始出现，留美多年的田溯宁和他的创业伙伴敏感地发现一个商机，即利用因特网技术创建一个信息交流平台，为中国和美国提供双向的信息服务，将中国企业及中国经济发展的信息介绍给美国，同时将美国经济及美国企业的信息传递给中国。

一段时间，田溯宁忙碌地奔波于华尔街众多投资银行之间，然而，他对于中国高新技术前景的预测并没有得到华尔街的认同。几经周折，经中国驻美大使馆人员介绍，田溯宁结识了著名华侨、地产开发商刘耀伦先生，怀着发展祖国高新技术产业的初衷，刘

① 《中国创投经典案例：亚信 走过最完整的融资历程》，http://business.sohu.com/2004/07/02/03/article220830302.shtml。

先生同意投资亚信。1994年，以50万美元天使投资为基础，田溯宁、丁健等几名中国留学生在美国达拉斯创建了因特网公司——亚信，希望公司未来的业务能够拓展到整个亚洲地区。刘耀伦先生出任董事长，总裁田溯宁、技术总监丁健为公司董事。

1995年，美国因特网主干网基本铺设完毕，而国内的因特网还是一片空白，硬件技术的不平衡无形中卡断了亚信的双向信息服务，业务难以为继。在内部原因和外部互联网氛围的影响下，亚信决定放弃信息服务业务，先将因特网网络技术引入中国。

机构投资，遭遇困境

1995年3月，亚信总部移师北京，定名亚信科技（中国）有限公司。当时，美国Sprint公司正负责建设ChinaNET，亚信顺利承接了北京、上海两个节点的工程。国内拥有类似工程经验的公司并不多，很快，大批项目找上门来，亚信开始步入发展轨道。

虽然不到一年就签下了200多万美元的合同，但系统集成商通行的预先垫付货款的行规，使公司流动资金出现严重不足。由于缺乏担保资产，亚信无法获得银行贷款，只能将希望寄托于向朋友借款。

经刘亚东介绍，时任万通实业集团总裁兼万通国际集团董事长的王功权认识了田溯宁和丁健，这位触觉敏锐的“民营企业家”非常看好亚信的发展前景，愿意以25万美元换取其8%的股份。在他的鼓励下，刘亚东也加入了亚信的创业团队，负责公司运营。

但是，这场类似风险投资的交易却没有得到董事会的理解，作为一家上市公司，万通要求的是看得见的回报，而短时期内，亚信并不能给予这样的保证。8个月后，迫于董事会集体压力，王功权不得不提出撤资。直至一年后，亚信才勉强以50万美元回购了万通国际在亚信的股份。

这次不规范的融资严重地打击了亚信，一度创业者们甚至怀疑公司是否真的存在某些问题：一方面，资金压力与日俱增；另一方面，公司内部暴露出许多管理上的弊病。危难之际，亚信创始人将新的融资计划正式纳入日程，而此时，风险投资成为他们首选的融资对象。

助力基金创业投资，成功跃迁

1997年1月7日，亚信的主要创业者在美国召开了一次会议，大家对公司未来三年的发展规划达成共识，一致希望引入创业投资、引入外部投资人的经验和帮助、引入职业经理人（尤其是财务总监），从而帮助公司摆脱发展资金、内部管理以及治理结构的困境。

双向选择

1997年6月，亚信邀请美国投资银行罗伯逊·斯蒂芬斯公司（Robertson Stephens & Company）作为融资中介，完善商业计划书，研究公司的市场、竞争、产品、核心竞争力等；同时，确定了近十家风险投资机构作为目标，虽然各家机构对亚信的评价褒贬不一，但愿意投资的仍占大多数。最后，亚信落定华平（Warburg Pincus）、中创（China Vest）、富达（Fidelity）三家公司作为联合投资者，促成了当时亚洲最大的一次技术融资。

从亚信方面来看，华平公司在美国高科技投资领域声誉良好，可以给予亚信技术、管理支持；1985年便进入中国的中创公司熟悉国内情况，更易于沟通；富达公司在华尔街无人不晓，对企业未来的融资会有帮助。三家公司不仅优势互补，且能相互平衡和制约。从投资方的角度来看，亚信富于创业激情和实际经验的创业者、领先的市场地位以及扎实的业务模式着实令他们眼前一亮，比起众多单纯从事技术研发的IT企业，亚信直接切入产品和市场中间，强调技术应用，似乎更切合国内IT产业的实际状况。此时阻碍这家公司发展的主要问题在于资金和内部管理，而这正是投资方可以提供的资源。最初，华平公司、中创公司都有意单独投资，富达公司则表示无论谁投，它都愿意跟投。协调的结果是：三家机构联合投资，华平公司领投。为防止未来华平公司和中创公司在企业发展的重大问题上出现分歧，富达公司充当了中间人的角色。值得一提的是，罗伯逊个人也投资了这个项目。

股权协议

此轮投资的具体投资额为1800万美元，主要是根据亚信近期业务发展的实际需要确定的，其中华平公司占1000万美元，中创公司占600万美元，富达公司占200万美元。投资方式为一次性注入。

但在企业价值评估这个敏感问题上，投、融资双方还是出现了很大分歧。创业者认为亚信的投资前企业价值（pre-money valuation）为9000万美元，而投资方认定的合理价格远低于此，华平公司做出的估价大致在4000万~5000万美元的水平。此时，投资方和创业者都不愿轻易放弃这个机会，各自权衡得失，愿意采取一些变通的策略来实现合作。

首先，亚信做出了退让，同意在相同的融资额度下出让更多的股权给华平公司。双方在1997年底达成协议，先以创业者对亚信的估价和已经确定的1800万美元投资额为基础，计算投资后双方在企业中相应的股权比例（华平、中创和富达分别占10%、6%和2%）；同时，为投资方设立一个期权，如果1998年、1999年两年亚信实现的EBIT-DA（利息、税收、折旧及摊销前利润）没有达到当时商业计划书中的预计指标，相应按比例增加投资方的股份；否则，双方股份保持不变。

投资后的发展表明，由于最初缺乏良好的财务管理建议，创业者确实高估了公司预期收益。于是，在约定期限之前，亚信主动提出变更股权。最后的调整在2000年度财务审计完成后开始进行，华平公司1000万美元的投资所占股份份额由原来的10%调整为20%，中创公司和富达公司分别上升到12%和4%。可见，这种类似期权，即根据企业一定时期内的实际发展绩效为指标，相应调整投、融资双方股权比例的方法收到了良好的效果，在激励与约束并重的前提下，投资方能够对创业团队的能力和业绩进行事后评估，解决了投资初期企业估值的问题。

投资人权益

投资合同中还特别对风险投资方权益做了规定。

华平公司（孙强）、中创公司（先为冯波，后由Patrick Keen接替）派代表进入亚信董事会，每月召开一次例会。此时，亚信最初投资人刘耀伦先生仍然担任董事长，担任董事的3位创业者是田溯宁、丁健、刘亚东。此外，按照美国风险投资的一般标准，在重大决策中投资方拥有一票否决权（veto rights），亚信每年的预算、再融资计划、兼并收购运作以及公司重大经营方向的变更都必须得到创业投资同意；未经许可，创业者不能提前出售股权。

后续发展

“融资就是卖血，这是很痛苦的。”亚信创建人之一赵耀这样描述道。虽然融资在一定程度上给公司和管理团队带来了冲击，但创业者还是希望借机向经验丰富的创业投资学习，从而改善亚信内部的管理。

事实上，亚信也的确接受了风险投资人的大部分建议。融资后，在创业投资协助下，亚信很快完成了四件工作。

第一件，也是创业投资对亚信提出的第一个具体的要求，即引入首席财务官（CFO）。在华平公司的坚持下，亚信花重金从惠普公司（HP）挖来韩颖女士，迅速理顺了公司财务。此后，亚信内部管理逐步得到完善，不仅强化了公司信息的流通，也使决策和信息达到更高的透明度。

第二件是完善了已有的员工股票期权计划，诸如定价、接受资格、时间、方式及税收之类非常细节的问题都得到了清晰的解释。

第三件是重点提升软件开发业务，对公司的战略方向进行部分调整。软件一直是系统集成业务重要的组成部分，1997 年后，互联网在中国如火如荼地发展起来，为了找到适合中国的软件，亚信被迫开始软件研发。1997 年 7 月，它推出了电信 IP 计费、VoIP 计费、手机移动计费，以及大容量电子邮箱系统等一系列产品，并占到很大的市场份额。虽然当时软件业务很不起眼，然而，却成为亚信今天着力开发的又一大“金矿”。在创业投资建议下，公司管理层下大决心在已有系统集成业务基础上进行软件开发，并收购了专门从事无线计费系统的德康公司，积极推动着国内电信运营商综合业务的发展。

最后，亚信整体性地规划了企业的市场营销框架，使之更好地实现内外部协调。

这次前后持续一年、花费约 400 万美元的融资，在亚信的发展史上意义重大，一个规范化的现代高新技术企业脱胎而生。从 1998 年开始，亚信承建了中国主要的骨干网络，包括电信、ChinaNet、移动、联通、网通、吉通等，从建设、设计、维护、服务到应用一应包揽下来，亚信的名字已经成为国内 IT 业的代名词。但与此同时，处于起步状态的软件业务还需要不断投入资金，公司当年 200% 增长的资金需求使亚信融资的步伐并没有就此终止。

联手战略创业投资，冲刺纳斯达克

1998 年底刘亚东离开亚信，半年后，田溯宁受任赴网通就职，丁健接替田溯宁成为亚信第二任 CEO……频繁的人事变动没有影响亚信正常的发展，1999 年 4 月，公司高层开始考虑挂牌上市的问题。对于当时的 IT 企业，IPO 是比较通行的方式，为保险起见，亚信决定以新一次融资作为上市的铺垫，并如愿找到了一个战略型创投公司英特尔投资(Intel Capital)。

这是一家典型的战略型创业投资机构，除了遵循一般的创业投资原则，英特尔投资公司还强调被投资公司业务发展是否符合英特尔投资公司本身的发展战略，无疑亚信是非常合适的投资对象，而英特尔投资公司的加盟也将极大地帮助亚信实现产品升级、开阔市场思路。

亚信明晰的财务状况和管理制度加速了尽职调查的进行，谈判后，双方很快达成协议，英特尔投资公司投资 2000 万美元，获得对方 8% 的股份。这次迅速融资，亚信仅花费了 20 万美元费用。假设最初投资计划不变，亚信单依靠这笔资金可以支撑到 2000 年底，也就是公司预期盈利的时间。

按照英特尔投资公司的惯例，它没有向亚信派出董事，仅以观察员身份列席董事会，并要求亚信定期提供财务报表。另外，作为对英特尔投资公司投资利益的保护权益，双方约定：如果亚信公司被其他公司兼并收购，则英特尔投资公司将选择退出，并有权要求亚信公司以预先商定的年回报率回购英特尔投资公司在亚信的股份。

这次合作使英特尔投资公司将亚信的产品放入其支持的平台中，而亚信产品也增加了对英特尔投资公司产品的支持。更为重要的是，亚信从这次融资过程中进行了一场上市模拟，从而为下一步IPO做好了充分准备。

2000年3月3日，亚信在美国纳斯达克成功上市。时机把握得相当好，亚信估价12亿美元，当日超额认购50倍，共计融资1.38亿美元。由此，风险投资机构的股权成为流通资本，随时可以变现退出。

点评

亚信的成功，成就了中国风险投资史上一个经典中的经典。亚信发展过程中遇到的资金等各方面问题是任何高科技创业企业都难以避免的，也因此，其随之产生并证明是相对可行的融资途径也具有更为普遍的意义。应该说，亚信为众多企业指出了一条道路，通过它，那些先行一步的现代高科技企业完全有可能借助外力实现飞跃。

亚信的多轮融资历程让我们清楚地看到风险投资机构能给创业企业带来丰富的资源，不仅仅是资金，还有观念的洗礼、经验的输导。然而，企业必须首先清楚自身需要，了解不同风险投资机构的优势所在，才可能在最大限度上利用这笔资源。

从微观层面分析，该案例第三轮融资中还出现了值得借鉴的技术创新。基于强烈的合作意愿以及对国际商业规则的认可，投、融资双方设立股权期权协议，激励与约束并重之下，很好地协调了企业价值评估中的矛盾。另外，亚信在筹备上市前穿插的一次快速融资也具有特别意义，不仅完成上市预演，这笔前期到账资金也极大地缓解了上市失败可能带来的后果，且成本较低。

自纳斯达克上市两年后，2002年初，亚信以4700万美元全资收购广州邦讯科技有限公司，完成了继德康之后第二笔并购案。可以预见，全面追击电信的亚信会通过兼并收购等方式不断巩固和扩大自身实力。换个角度观察，这似乎也为风险投资创造了一个新的循环，在创业投资下发展壮大的企业在上市之后很可能为风险投资的退出创造更多的机会，风险投资商后续投资的项目可以转而出售给这些相关企业。好像今天的Cisco、Intel，它们甚至可以专事投资，建立战略投资基金，通过投资相关产业链条上的创业企业达到业务增长，积累更多财富。

关键词

项目搜寻　项目筛选　项目评估　尽职调查　创业投资谈判　创业投资退出

本章小结

本章主要介绍创业投资的具体操作流程、每个环节创业投资者主要关注的内容，以及获得这些信息的手段和方法。

本章首先介绍了创业投资公司如何寻找投资机会和初步筛选投资项目；其次，主要介绍了如何对拟投资企业进行详细调查和评估；再其次，介绍了创业投资企业与创业企业谈判和签订合同的主要内容；最后，主要介绍了投资进入创业企业后，创业投资企业如何对投资的企业进行监管和进行风险控制，以及何时退出获得投资收益。

思考题

1. 创业投资会按部就班地从第一步到最后一步吗？哪些步骤可以省略或颠倒？
2. 不同形式资本的创业投资的操作流程一样吗？
3. 创业投资公司投资时主要关注创业企业哪些方面的内容？用什么手段获得这些信息？
4. 创业投资资金主要来自哪里？创业投资公司融资与创业企业融资有何差别？
5. 创业投资公司投资流程对投资成功率产生哪些影响？

第4章

创业投资团队的构成及运作

4.1 投资团队人员构成及核心素质要求

4.1.1 投资团队人员构成

投资管理团队应该匹配投资银行、法律、财务以及拟投资领域内的行业专家，形成以行业判断为主，以法律、财务为双翼，护航前行的专业化管理团队。唯有如此，方能更好地把握投资方向，筛选出优秀的投资标的，设计优良的投资方案，并把控住重大的投资风险，保证投资安全，提高投资收益。

创业投资团队的人员构成一般包括三种类型：基金管理人、投资经理和支持人员。具体构成如图 4－1 所示。

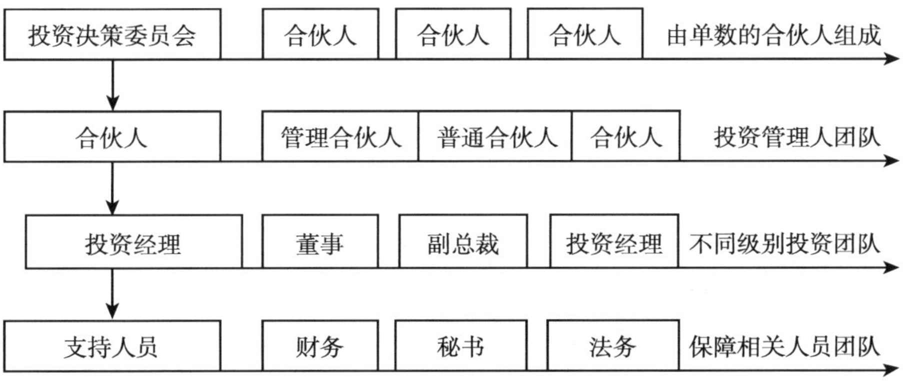

图 4－1　投资团队人员构成

基金管理人指基金管理公司的普通合伙人，是基金管理公司的股东和每期基金1%以上份额的投资人，负责对所募集的每期基金进行管理和运作，其具体工作包括团队建设、基金募集、项目投资决策、项目管理等，通常的职位包括管理合伙人、普通合伙人、合伙人等。投资经理指负责每个项目具体实施的人员，其具体工作包括项目寻找和洽谈、尽职调查、完成投资以及项目投资后的管理等，通常的职位包括董事、副总裁、投资经理等。支持人员指基金管理公司的后勤保障人员，包括财务、秘书人员、法务等，其主要工作是做好基金管理公司投资人员和管理人的后勤保障工作。

4.1.2 投资团队人员素质要求

1. 风险投资从业人员基本能力

同其他许多行业一样，人才是决定创业投资公司竞争力的关键因素，而创业投资行业对人才的能力结构也有着特定的要求。在创业投资的循环运作（人才招聘——一期基金募集—寻找项目—尽职调查—完成投资—增值服务—项目退出—归还资金—二期基金募集新循环）的每个过程中，风险投资从业人员需要拥有不同的能力。简单地说，主要包括以下四个方面：

（1）项目寻找能力。即通过行业内外部的调研、合作伙伴之间的交流，能够敏感地发现各个行业中好的投资项目，这是创业投资基金发展的根本。

（2）项目沟通能力。即发现项目之后，如何让项目愿意优先选择与公司合作。投资是一个双向选择的过程，好的项目总是有多家机构在洽谈。在这种情况下，如何让好的项目愿意与公司合作，需要非常优秀的沟通能力。虽然有些企业是以投资价格的高低作为主要衡量标准，但最有竞争力的企业和最有远见的创业者最后并不是根据价格来选择投资人的，其选择是双方接触的默契、理念的吻合和互相尊重的结果。

（3）项目判断能力。即商业判断能力。项目最终投资与否，至少需要四个基本判断：行业、团队、产品或服务、阶段。有些项目看起来很好，但实际隐藏着较大的风险，如果没有经验，可能会需要很长时间才能意识到其中的问题，甚至到最后也没有看清楚而做出了错误的决定；也有些项目看上去比较难懂，但是，经过仔细分析就会发现蕴藏着很大的投资价值，如果没有好的判断力，就会错失一个投资机会。

（4）项目服务能力。即为所投资项目提供增值服务的能力。创业企业渴望获得的不仅仅是资金，更看重投资人能否提供附加价值服务。创业投资基金投资的企业大部分为早中期企业，在管理制度的制定、市场拓展、人才招聘以及后续的融资等方面都需要外部力量的支持。如果从业人员能够在这些方面提供帮助，无疑会对企业的发展给予有效的支持，同时给投资机构本身也带来较高的回报。①

2. 投资团队从业背景

（1）复合型的教育背景。即拥有理工科和经济管理学科的双重教育背景，如双学历背景，或者本科学理工、研究生学经济管理，最好是受过名牌大学的 MBA 教育。不仅懂技术，还要懂经济管理，这是创业投资行业从业人员须具备的基本素质。

（2）产业或行业背景。即拥有企业管理的实践经验。了解企业最为重要，投资管理人可以不懂技术，但一定要懂得企业管理实践。当然，如果有过成功创业经历，并曾经获得过创业投资的企业家更佳。在投资决策过程中，这样的从业人员能理解创业者与投资方打交道时的心态，与企业接触时很容易沟通，而且，对于企业发展过程中遇到的一些问题也能够提供有效的解决方案。

（3）金融、财务和法律背景。包括投资银行、咨询公司、四大会计师事务所、财务顾问公司等从业经历，即从业人员不仅要熟悉资本市场，同时需要了解财务和法律相关知识。创业企业的重组上市，离不开财务、法律和金融专家的支持。有上述行业从业经历的人，接触面会比较宽，有较多的项目来源渠道，同时，国际化公司的训练使他们的思维更敏锐、视野更宽阔，对资本市场有较深入的了解，能够结合全球市场对拟进入的行业进行风险评估，并对企业的上市或并购提供有效的指导。

4.2 投资团队组织形式

创业投资团队投资是一种创业性投资活动。创业投资团队投资由于投资时机、投资对象选择，以及资本额的大小、对投资收益的期望值等原因而具有较高的风险，因而，对这类投资活动采取何种组织形式对于投资本身及其成效具有重要影响。一般而言，创业投资团队在创业投资时可采用的组织形式主要有公司制、合伙制两种，两种形式各具特点。

1. 公司制

创业投资团队采用公司制形式，即设立有限责任公司或股份有限公司，运用公司的运作机制及形式进行创业投资。采用公司制的优势主要体现在以下四个方面：一是能有效集中资金进行投资活动；二是公司以自有资本进行投资有利于控制风险；三是对于投资收益，公司可以根据自身发展作必要扣除和提留后再进行分配；四是随着公司的快速

① 于杰：《风险投资基金团队建设》，载于《第三届海峡两岸企业组织与管理学术研讨会论文集》，2009 年，第 131 ~ 135 页。

发展，可以申请对公司进行改制上市，使投资者的股份可以公开转让从而以套现资金用于循环投资。有限责任公司是由两个以上的创业投资者共同出资，每个投资者以其认缴的出资额对公司承担有限责任，公司以其全部资产对其债务承担责任的企业法人。股份有限公司是指全部资本由等额股份构成并通过发行股票筹集资本，股东以其认购的股份对公司承担责任、公司以其全部资产对公司债务承担责任的企业法人。一般非家族成员的创业者采用公司制比较多。

2. 合伙制

合伙制是指依法在中国境内设立的由各合伙人订立合伙协议，共同出资、合伙经营、共享收益、共担风险，并对合伙企业债务承担无限连带责任的营利性的经营组织。创业投资团队采取合伙制，有利于将创业投资中的激励机制与约束机制有机结合起来。合伙人执行合伙企业事务有全体合伙人共同执行合伙企业事务、委托一名或数名合伙人执行合伙企业事务两种形式。全体合伙人共同执行合伙企业事务是指，按照合伙协议的约定，各个合伙人都直接参与经营，处理合伙企业的事务，对外代表合伙企业。委托一名或数名合伙人执行合伙企业事务是指，由合伙协议约定或全体合伙人决定一名或数名合伙人执行合伙企业事务，对外代表合伙企业。

在我国现阶段，主要有四种合伙形式：亲戚内合伙、家族内合伙、朋友间合伙、同事间合伙。咨询类、律师事务所和会计师事务所多数采用合伙制形式。我国农村农民们办的很多企业也采用了合伙制形式。不同类型的合伙形式都有自身的优势和不足。就家族合伙制来说，创业时期，凭借创业者的血缘关系、类似血缘关系，能够以较低的成本迅速网罗人才，甚至不计较报酬，从而使企业能在短时间内获得竞争优势；内部信息沟通顺畅，对外部市场信息反馈及时，总代理成本比其他类型的企业低。但这种类型企业的缺点是难以得到优秀的人才，在某种程度上制约其迅速发展（见图4－2）。

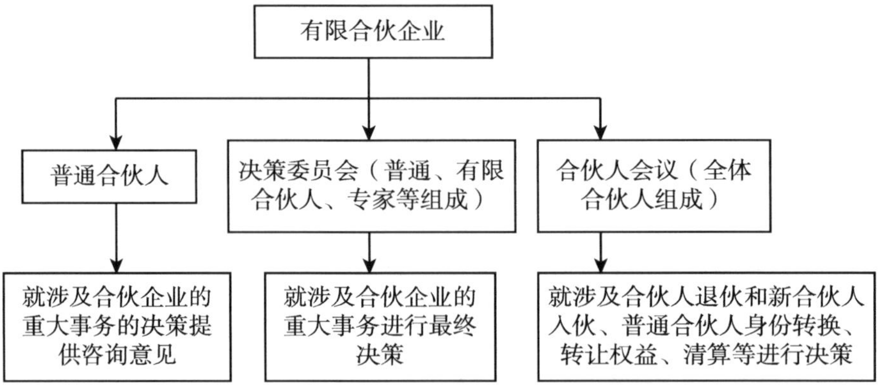

图4－2 有限合伙制PE内部治理结构

4.3 投资团队运作机制

4.3.1 投资团队运作流程

1. 寻找资金来源

创业投资公司可以看作资金的零售商，它们从大的基金公司、大银行、大型上市公司或政府机构（政府引导基金）那里融来资金并成立创业投资基金，然后再把钱投给有潜力的、高速发展的成长型企业（通常是高科技公司），并拥有这些被投资企业的股份。

其中，政府引导基金分类主要包括：产业投资基金、创业投资基金、PPP 基金和其他基金。据清科研究中心旗下私募通统计数据，截至 2017 年 7 月底，我国共成立了 1660 支政府引导基金，目标规模超过 8 万亿元。其中，2016 年新设立政府引导基金 547 支，披露的总目标规模超过 3.5 万亿元；2007 年前 7 个月，共设立政府引导基金 102 支，披露的总目标规模超过 5000 亿元。

2. 确定投资对象

创业投资公司的投资对象大多是初创或快速成长的高科技企业，偶尔它们也会投资于市场前景广阔的传统行业、具有新的商业模式的零售业或某些特殊的消费品行业。这些行业一般都提供高附加值的技术、产品或服务，并能获得长期而且有保障的盈利。

除了创业型企业，创业投资公司也会对下面四种情况感兴趣：

（1）亏损企业：通过引入资金、管理和技术达到扭亏为盈。

（2）管理层收购：帮助公司内部的管理人员或（与）外部的管理团队买下公司。

（3）杠杆收购（LBO/LBI）：内部融资收购或第三方融资收购。

（4）资本结构重组：股东变更、以股权置换债权以及股东部分套现。

3. 投资时期定位

创业投资公司在被投资企业处于何种发展时期时将风险资本注入，通常是一项重要的投资运作方式决策。一般的，风险偏好型的创业投资公司习惯于较早地将风险资本投入被投资企业，通常选择在被投资企业成长初期就进行投资，此时被投资企业的经营风险稍有下降，企业刚刚步入正轨，能够生产少量的产品，监督成本高、风险高，但回报也较为可观；而稳健型的创业投资公司往往选择在被投资企业进入成熟期后将风险资本投入被投资企业，此时的被投资企业发展模式趋于成熟，创业投资公司介入被投资企业监督成本较小、投资收益的风险较小，项目回报表现相对中规中矩。

每一个创业投资公司都有自己的特点和定位，其区别在于投资规模、区域侧重、行业偏好、投资交易种类，以及在企业发展的哪个阶段进行投资。专业的创业投资公司一般都有一个最小投资额的限制，因为它们没有那么多时间和精力去考虑和管理众多的小项目；为了避免风险过于集中，它们同样也有最高投资额的限制。

4. 选择投入方式

创业投资公司一般不会向创业企业一次性投入全部所需资金，而是根据项目的具体情况，分阶段投入资金。每阶段都定一个阶段性目标，上一阶段目标的完成是下一阶段融资到位的前提，但每一阶段的投入资金应当保证足够支撑企业家完成该阶段的目标。这样做既有利于投资者降低风险，又可以对企业家形成一定的压力和动力。

5. 组建“辛迪加”共同投资

投资项目大多都会组建“辛迪加”共同投资。这对风险投资者与企业家双方都有好处。首先，不仅能够为风险企业的后续阶段融资带来更多的后备资源，也可以带来更多的经验与商业联系，以协助公司发展壮大。其次，对企业家来说，由于风险资本的提供者分散了，其对公司的控制权更容易掌握；对风险投资者来说，在放弃控股地位的同时，原来集中的风险也被共同分担，降低了投资风险。

6. 是否控股投资

是否控股投资的实质即反映了风险投资规模的大小。创业投资公司庞大的投资规模意味着其资金实力雄厚，当其拥有强大的资本时，不仅可以降低资金链断裂的风险，同时还能享受到随之而来的规模效应。规模效应是指当企业的产量规模达到一定水平后，由于各生产要素的有机结合产生了“1 +1 >2”的效应从而使平均成本呈现下降的趋势，盈利增加。运用到风险投资效果上则表现为：创业投资公司投资规模越大，退出收益越好。而当投资规模过大时，继续增加投资规模则会产生规模不经济效应，即投资规模越大，退出回报反而下降。

7. 投资收益分配与团队激励

典型意义上的有限合伙创投基金在基金设立之初，就通过有限合伙协议确定了投资者（LP）与管理人（GP）之间的收益分配事宜。公司型创投基金的收益分配方式可以随时根据公司章程由董事会通过组织程序来决定。

分享业绩报酬是对投资管理团队的主要激励机制，也是筹备过程中管理团队关切的核心问题之一。这里既要包括对整个管理团队如何分享业绩报酬的考量，也应当包含对团队成员之间如何分享的设计。合理的考量与设计，可以增强凝聚力、提高战斗力，使团队成员充分发挥各自的专业特长、聪明才智，齐心合力、积极主动，实现出资人与管理团队利益最大化。管理团队收取业绩报酬后，可以以利润分配方式向股东分配，也可以以奖励方式向团队成员分配。参与分配的团队成员又分为核心成员、周边成员与公开招聘的辅助人员。

有限合伙制私募股权基金激励机制有两方面内容：第一，收益激励。主要是前端管理费和后端分红比例的确定和划分。第二，权力激励。基金的运营管理事务和投资决策都是普通合伙人的权利，有限合伙人不得参与，否则将会失去其有限责任的“保护伞”。普通合伙人拥有全部的投资决策权，有限合伙人不得干预。普通合伙人还拥有监督有限合伙人按时缴款的权力，这种权力的授予有利于保证普通合伙人的积极性。

4.4 案例：深创投集团投资运作方式及特点分析①

4.4.1　深创投集团公司简介

深圳市创新投资集团有限公司（以下简称“深创投集团”）是一家具有浓重国资背景的投资企业集团，成立于 2002 年，前身为 1999 年成立的深圳市创新科技投资有限公司，其现有注册资本 42 亿元人民币。深创投集团共投资了 573 个项目，其中主要以传统行业如先进制造、消费品占比较高，分别为 23% 和 19%，而这些项目很大一部分是源于政府推荐。深创投集团的前五大股东分别为深圳市人民政府国有资产监督管理委员会、深圳市星河房地产开发有限公司、上海大众公用事业集团股份有限公司、福建七匹狼集团有限公司、深圳市立业集团有限公司。深创投集团已建立起 72 个政府引导基金，其中中央级基金 2 个、省级基金 18 个、地市级基金 44 个、县级基金 8 个；中外合作基金 4 个：中新创业投资基金、中以基金、中日 CVI 基金；受托管理基金 3 个；战略合作基金 20 余个，实力雄厚。

4.4.2　深创投集团投资运作方式及特点

深创投集团投资运作方式形式多样，如图 4－3 所示。这里依据其是否控股投资（控制性投资、一般性投资和参与性投资）、风险资本进入时机（早期投资、中期投资、晚期投资）、是否联合投资（联合投资、非联合投资）、是否有政府参与（政府参与投资、非政府参与投资）、是否分阶段投资（分阶段投资、一次性投资）的标准对其运作

① 李芳茹：《深创投集团投资运作方式与投资效益案例研究》，河北经贸大学硕士学位论文，2016 年。

方式进行分类，分析不同运作方式的特点。

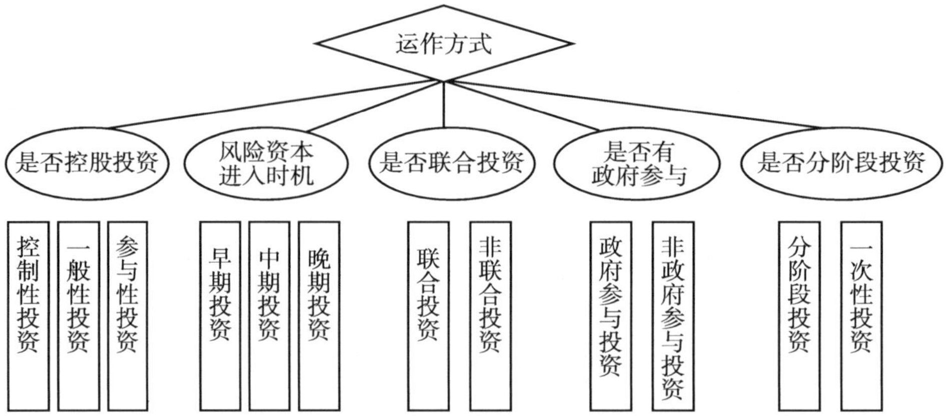

图4－3 深创投集团投资运作方式分类

资料来源：高孝平（2017）。

1. 是否控股投资

是否控股投资的实质即反映了风险投资规模的大小。当深创投集团进行控股投资（投资规模较大）时往往会面临着较大的投资收益压力，投入大量的精力来面对可能增加的投资项目的管理难度和运营风险，从而制约深创投集团取得高额的退出收益；当其进行一般性投资（中规模投资）时，会处于风险与收益相对平均的局面，不用承担较大的收益压力，但对于被投资企业的经营管理往往会失去话语权，将会面临被投资企业发展不善的风险；当深创投集团进行参与性投资（小规模投资）时，其所面临的风险相对来说是最小的，处于较为被动的状态。

2. 风险资本进入时机

对于深创投集团而言，其投资理念为：早、中、晚三个阶段齐头并进，寻找有快速成长潜质的项目。但就其具体投资实践而言，虽然其鼓励团队进行早期投资，但由于要承担很大的投资风险与投资压力，以及易受到不确定因素的影响，其相当一部分的投资仍然为在被投资企业发展后期进行的投资。

3. 是否联合投资

联合投资是大部分风险投资企业普遍采取的投资运作方式。联合投资通常由一家风险投资企业主投，并联系其他潜在风险投资企业进行跟投。当一个投资价值较高的被投资企业对风险资本的需求量较大，深创投集团自身难以支付高额风险资本或不愿单独承担风险进行投资时，深创投集团往往会采取联合投资运作方式，既能够降低深创投集团自身的投资风险，还可以为被投资企业带来更多的经营发展建议，促进被投资企业成长，提高风险投资成功退出的概率，甚至提高投资收益。值得注意的是，深创投集团更多的是与相似水平的同行合作，如达晨创投、赛富基金、松禾资本等；但并非所有项目采用联合投资方式都有利于提高投资收益，当联合投资的风险投资企业在实力和能力方面相差悬殊时，则可能降低风险投资企业的投资收益，甚至导致无法成功退出。

与联合投资相对的是独立投资，当深创投集团的投资额占总风险投资额 50% 以上时被视作其进行独立投资。独立投资运作方式会赋予深创投集团对于被投资企业经营发展相当大的主导权，承担由此带来的较高投资风险和较高的投资收益，需要占用深创投集团大量的风险资金。

4. 是否有政府参与

在风险投资过程中，政府有时会通过与风险投资企业合作成立风险投资基金，帮助风险投资企业与需要风险资本的被投资企业之间建立桥梁等方式参与到具体投资项目中来，但并不实际参与风险投资项目的实际管理。深创投集团作为具有政府投资背景的风险投资，政府参与的特点非常明显，成立了 2 个中央级、18 个省级、44 个地市级、8 个县级政府引导基金，当地政府负责提供部分风险基金并向深创投集团推荐当地优秀项目，这节约了深创投集团的项目挖掘精力，并一定程度上减轻了其资金压力。

5. 是否分阶段投资

分阶段投资的运作方式类似于一项选择是否继续投资的期权。采用分阶段投资的运作方式有利于深创投集团筛选出具有较高投资价值的项目，并且在风险资本投入后能够对被投资企业形成有效的约束和激励，只有具有成长潜力的被投资企业才能继续获得风险资本投入，发展潜力较低的被投资企业将无法获得下一阶段的风险资本。采用分阶段投资的投资运作方式，能够为深创投集团减少由于管理层决策不当所造成的潜在损失，同时能够为深创投集团提高风险基金投资效益。但与此同时，随着深创投集团对于某一被投资企业分越多阶段投资，每阶段的时间间隔越短，就需要深创投集团投入更多的精力与成本对企业进行更加频繁的监督和审查，虽然在一定程度上能够缓解其与被投资企业之间的委托代理问题，但同时也产生了相应的成本。例如，分阶段投资的运作方式不仅会产生较大的谈判和缔约成本，甚至可能导致深创投集团对被投资企业整体投资不足等问题。

深创投集团大部分采用一次性投资运作方式，该方式可帮助深创投集团节约大量交易成本和精力，但该方式较为武断，不利于深创投集团在持有被投资企业股份期间真正了解、监督被投资企业的发展状况，同时也不利于被投资企业的可持续发展。

关键词

投资团队　　核心素质　　组织构成　　运作流程

本章小结

投资机构在进行风险投资决策时，投资团队的建设非常关键。人员构成、人员素质、组织形式及运作机制是其中最为关键的部分。本章分析了这些关键要点并举出深创投集团的实例进行了说明。

思考题

1. 一个专业的投资团队是由哪些人构成的?
2. 投资机构的主流组织形式是什么？为什么？

第5章

创业投资的主要形式

创业投资的主要形式包括种子期投资、天使投资、私募股权（PE）投资、风险投资和创业投资退出五种。它们所面对的是企业在发展过程中所处的不同阶段，彼此递进，象征着企业的发展逐步深入与壮大，贯穿企业创业的整个过程。这几类投资往往能够决定一家初创企业的去留与未来走向。

5.1 种子期投资

5.1.1 种子期投资的概念与特征

1. 概念界定

种子期投资指的是在目标企业尚未成型，仅仅只是拥有一些创意想法时的投资期。在整个创业投资的过程中，种子期投资在所有的投资形式中处于起始阶段，意味着项目尚未落地、尚未生根发芽的时期；在种子期投资期，项目可能只是一个新想法或者新的创意点，并没有具体的产品或服务。创业者只拥有一项技术上的新发明、新设想以及对未来企业的一个蓝图，并且缺乏初始资金投入。投资者在此阶段所进行的投资行为就是种子期投资。

2. 种子期投资的主要特征

种子期投资的主要特征如表 5 - 1 所示。

表 5－1　　种子期投资的主要特征

企业投资阶段	金额投入级别	投资风险
项目尚未落地、尚未生根发芽的时期，而这个阶段也是新创意从产生到落地的过程	种子期的投入资金相对较少，投资金额级别在 10 万～100 万元，作为项目的主要启动资金，只能满足创业项目初期的经营投入	① 种子期投资的不确定因素：创业团队的实际能力、创业想法与真正实施后的具体落差、投资回报期 ② 种子期只立足于某个创业的想法，真正实施落地后与前期的预算可能会形成巨大的落差
种子期时的项目具有高度的不确定性，需要通过一段时间的尝试，对这些新想法或者新的创意点背后的各种假设进行验证，从而探索真正可行的方向。这决定了投资回报期会比较长，势必在经历新公司的成长壮大后才有投资回报的可能性		

3. 种子期投资发展的合理性与必然性

如图 5－1 所示，对于初创企业来说，生存下去面临的最大问题是融资困难。在种子期阶段，许多创业团队仅仅是拥有某一产品或项目的半成品与大致规划，还不足以进入市场进行销售。而对于种子期投资者来说，早期对初创企业进行投资的成本较低，且在初创企业发展壮大后带来的收益回报会更大。但同时也需看到，由于初创企业的不确定因素众多，回收期长，往往制约了投资者的投资意愿。

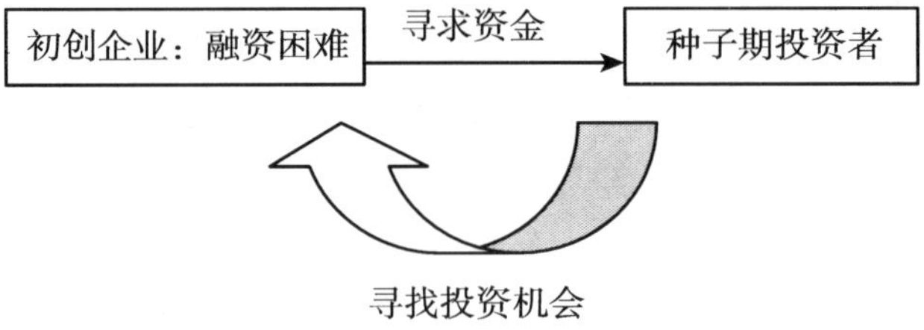

图 5－1　种子期资金供求双方

5.1.2　种子期投资的投资决策特征

1. 种子期投资者的选择偏好

如图 5－2 所示，在种子期投资阶段，项目面临着巨大的不确定性，这个阶段往往会出现团队不完善、自有启动资金不足、项目缺乏细节规划、管理高度集权、财务混乱等情况，甚至很多项目没有团队，没有启动资金，只有宽泛的商业计划，一切计划只存于创业者的脑海里。此时，投资者尚未能利用项目现有的情况进行理性的分析，对于项目创始团队和业务数据也存在信息不对称的情况，通常种子期投资者容易处于被动地位。

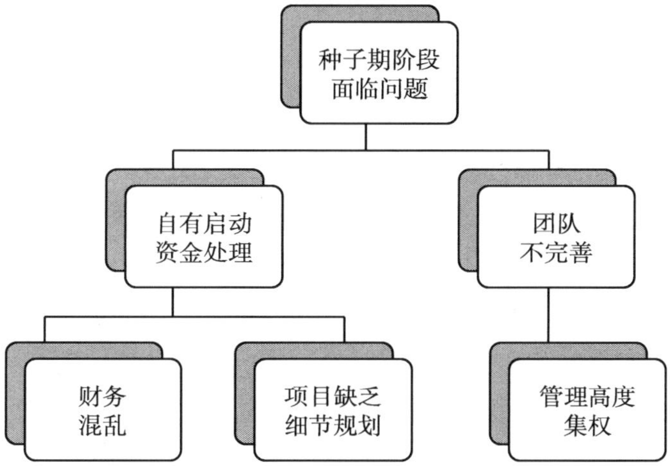

图5－2 种子期投资阶段面临的问题

除与融资者关系亲近、彼此了解的投资者会选择投资外，其他的种子期投资者在选择投资对象时往往看中的是项目的独创性与市场的领先性。例如，在提倡“互联网＋”与“大数据”战略的时代背景下，与互联网、金融科技相关的领域更容易得到种子期投资者的青睐。如图5－3所示，除对行业前景的考察外，创业团队、周期性考察、政策大背景考察等因素也往往被纳入种子期投资者的考虑范围内。

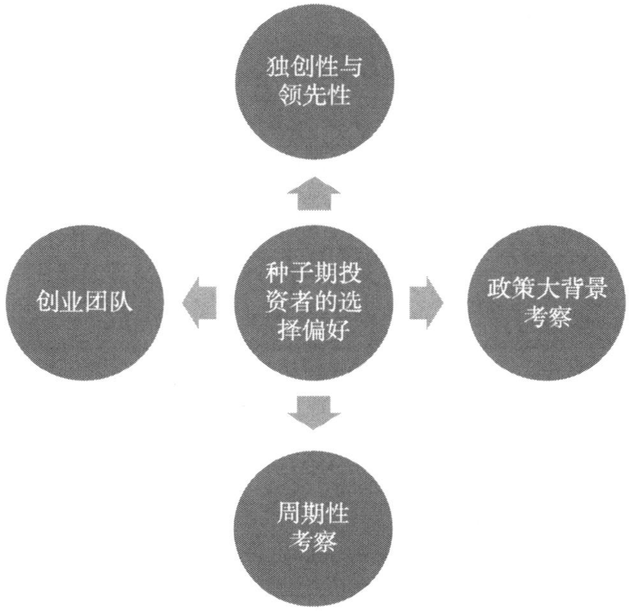

图5－3 种子期投资者的选择偏好

2. 种子期投资者关注的价值

作为项目初始投入资金的一部分，种子期投资由于项目的不确定性而具有相当高的风险，但高风险同时也伴随着高收益，早期种子期投资在未来企业发展壮大后所带来的单个项目的回报倍数更高。选择种子期进行投资的投资者一般属于风险偏好型投资者。

5.2 天使投资

5.2.1 天使投资的概念与特点

1. 概念界定

天使投资是一种非正式的风险性投资活动，投资资金来自天使投资个人财富的积蓄。天使投资的民间性、自发性、个体性和分散性使它独立于风险投资与其他投资形式，成为一种具有强大生命力、特殊的个人投资方式。天使投资人通常以股权的形式投资于早期创业企业，股权的平均持有期限为 5 ~8 年。天使投资人除了提供资金之外，还会积极地参与创业企业的管理，用自己的创业经验或专业技能来指导和帮助创业企业家。

2. 主要特征

天使投资的主要特征如表 5 -2 所示。

表 5 -2 天使投资的主要特征

企业投资阶段	金额投入级别	发起方式	一般退出战略
投资对象主要是种子期或者初创期的创业企业，其中以极具成长性的高科技创业企业最具代表性。由于天使投资的投资风险较高，因此它所要求的投资回报也很高	天使投资一般投资规模比较小，它在创业企业天使期的单一项目投资规模一般为 2.5 万 ~5 万美元，初创期的投资额为 25 万 ~75 万美元不等	天使投资人所投资的绝大部分项目都位于其居住地附近，因为这样便于他们对投资企业进行监督和参与企业的管理活动。并且，由于天使投资人一般都是用自己的资金投资于创业企业，投资收益也归他们所有	没有明确的时间约束，其在退出时机的选择上更加灵活，因此，可以选择对双方来说都最为有利的时机退出投资
美国人口管理局、小企业管理局等政府机构及学术团体有关天使投资的统计数据显示：扣除创业者亲属等主要基于亲情所做的投资，典型天使投资无论是全部投资额还是早期投资额均不高于创业投资基金			

5.2.2 天使投资的投资决策特征

1. 天使投资者的选择偏好

天使投资是一种民间资本投资，也称为非正式的风险投资，与正式的风险投资一样，天使投资也是一种提供追加价值的、参与性很强的、长期的权益资本投资。天使投资者一般倾向于选择高风险高收益、具有巨大增长潜力的项目作为投资目标，其中以高科技产业为主，同时也包括成长性好的传统产业。

2. 天使投资者关注的价值

天使投资作为非组织化创业投资的一种，特指个人为体验天使般助人创业情怀，以自有资金自主运作的创业投资。由于天使投资的回收期长，潜在风险也较大，扣除创业者亲属等主要基于亲情所做的投资，一般天使投资者往往着眼于企业的长期发展价值与潜力而进行投资。此外，与种子期投资相似，早期天使投资在未来企业发展壮大后所带来的单个项目的回报倍数更高。

3. 天使投资实例

聚美优品上市，天使投资人徐小平获超高回报①

公司概况

2014年5月16日，国内最大的垂直美妆电商聚美优品成功登陆纽交所，发行价22美元，超过发行区间上限21.5美元，收盘价24.18美元，首日上涨9.9%，市值约34.33亿美元。

聚美优品作为国内第一家也是全国最大的B2C化妆品垂直电商网站，主要客户群体为年轻女性，凭借首创的“折扣团购模式”推荐明星产品搭配推动销售，让消费者在电商平台买到低价正品化妆品，承诺“出售商品均为100%正品保证”“30天拆封无条件退货”，通过自建渠道、仓储和物流不断提升消费者购物体验，在国内电商美妆领域市场份额居前，客户积累持续增加。

此前，2014年4月12日，聚美优品首次向美国证券交易委员会提交首次公开招股书，计划通过IPO募资4亿美元，高盛、瑞信证券、摩根大通、华兴资本证券、派杰和奥本海默担任此次IPO的承销商。

2014年5月7日，聚美优品向SEC提交IPO招股书增补文件，确定在纽交所上市，发行950万股ADS，并授予承销商最高142.5万股ADS的超额配售权，发行区间为19.5～21.5美元，拟最高融资额2.35亿美元，较此前的4亿美元减少1.65亿美元。同时披露新加坡私募股权基金General Atlantic投资1.5亿美元作为其基石投资者，为聚美优品此番IPO保驾护航。

① 资料来源：投中集团、中商资本网。

回报情况

2010年3月，陈欧、戴雨森创立聚美优品，创办之初，获得徐小平18万美元天使投资；2011年红杉资本、险峰华兴等几家风投机构再对聚美优品投资合计1200万美元，其中徐小平追投20万美元。据聚美优品此前提交的招股书披露，在公司股权持股中，陈欧持股40.7%，联合创始人戴雨森持股6.3%，投资人险峰华兴陈科屹持股10.3%，聚美优品整个高管和董事会团队持股比例57.5%。此外，红杉中国、险峰华兴、徐小平分别持有聚美优品18.7%、10.3%和8.8%的股权。以聚美优品首日收盘市值34.33亿美元推算，天使投资人徐小平的账面回报高达3.02亿美元，4年时间获得了近800倍的回报。

案例点评

本案例验证了天使投资在未来企业发展壮大后所带来的单个项目的回报倍数更高。但同时，其回收期也要长于风险投资或PE投资方式。

5.3 风险投资

5.3.1 风险投资的概念与特点

1. 概念界定

风险资本是指由专业投资人提供给快速成长并且具有很大升值潜力的新兴公司的一种资本。如图5-4所示，风险资本通过购买股权、提供贷款或既购买股权又提供贷款

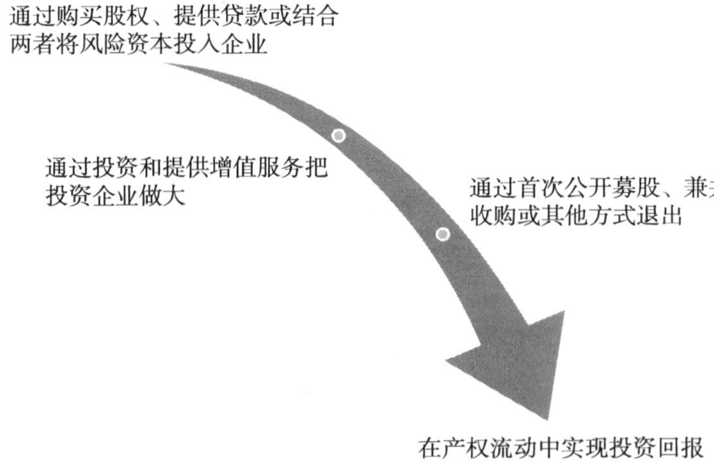

图5-4 风险投资流程

的方式进入这些企业。风险投资虽然是一种股权投资，但投资的目的并不是为了获得企业的所有权，不是为了控股，更不是为了经营企业，而是通过投资和提供增值服务把投资企业做大，然后通过首次公开募股、兼并收购或其他方式在产权流动中实现投资回报退出，在产权流动中实现投资回报。

2. 主要特征

风险投资的主要特征如表 5 – 3 所示。

表 5 – 3　　风险投资的主要特征

企业投资阶段	金额投入级别	发起方式	一般退出战略
① 企业刚刚在市场上取得一些成绩，或者看到了一些成功的苗头 ② 企业通过稳定的经营已经能够从市场上可持续地获取经济资源，并已经取得了一定的市场地位，短期内不再面临生存的问题 ③ 企业自身的资源不足以支撑项目进一步“开枝散叶”，需要引进外部的资源	以私募的方式吸收各方面的资金来扩大资本规模，其单一项目的投资额从几十万到几百万美元不等，有的甚至可以高达几千万美元	此阶段，风险投资人根据行业分析、竞争优势和壁垒、创始团队搭配、业务数据、产业上下游等各方面综合考量做出最终的投资决策。这就有了机构化投资的基础，这个阶段企业需要的资金量相对比较大，如果由个人投资者投资将很难分散风险，因此，投资的机构化也成为必然。因此，风险投资一般都是以基金的方式实行机构化运作的，投资额一般在千万量级	风险投资在退出战略上有着较为严格的时间约束，其投资行为的获利动机更加强烈。此时创业投资投入的资本是权益资本，这是一种不以控股为目的的阶段性股权投资，一般在取得股权溢价后就可以退出并获得超额回报
风险投资阶段，此时由于项目的目标战略已经基本成型，投资者可以利用项目现有的情况进行理性的分析，并能够对面临的风险进行相对准确的评估。此时，风险投资需要综合考量项目创始团队和业务数据，由于风险投资阶段的项目已经在拿到天使投资之后运作了一段时间，通过运营数据可以对商业模式进行部分验证，此时风险投资人则会根据行业分析、竞争优势和壁垒、创始团队搭配、业务数据、产业上下游等各方面综合考量做出最终的投资决策			

3. 天使投资 VS 风险投资

天使投资与风险投资的主要区别如图 5 – 5 所示。

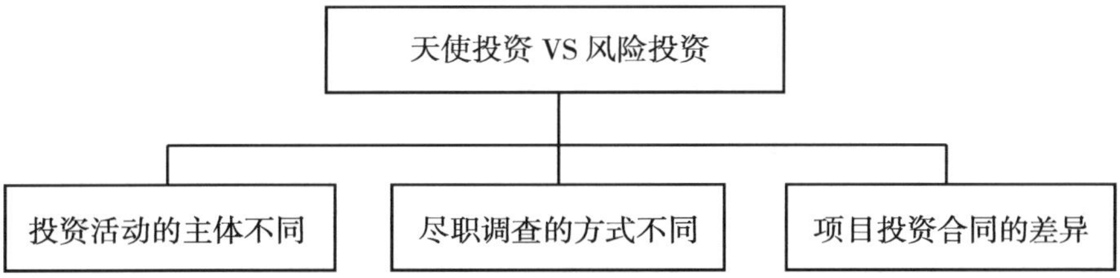

图 5 – 5　天使投资与风险投资的主要区别

涂峰（2006）对天使投资与风险投资两者做了详细的对比，包括以下四个方面：

（1）投资活动的主体不同。天使投资的投资主体是天使投资人，他们用自己的资金投资于创业企业，投资收益也归他们所有。在风险投资中，投资活动的参与主体是由职业经理人团队组成的风险投资家，用于投资的风险资本来自向机构或者个人投资者募集的风险基金，风险投资家的收入来自年度管理费用和风险投资利润分成。

（2）尽职调查的方式不同。在风险投资中，风险投资家往往组成一个团队，对将要投资的创业企业进行很长时间的跟踪考察，花费大量的精力进行详尽的价值评估和投资可行性分析。而在天使投资中，天使投资人不可能有风险投资家那样的时间和精力去对创业企业展开调查和评估，他们对投资项目的选择更多地是根据自身的专业知识和经验，以及一般的市场趋势进行判断。

（3）项目投资合同的差异。在风险投资中，风险投资家和创业企业签订的投资合同非常正式化和规范化，合同一旦签订以后，双方协商的空间非常小。而天使投资人与创业企业签订的投资合同在内容和形式上则更加灵活，合同签订以后，在执行过程中还留有更多协商和调整的空间。

（4）对创业企业的监督和参与管理的程度不同。由于投资的是自己的资金，以及为了重新体验创业的梦想，天使投资人有很强的动机参与创业企业的管理，在创业企业中扮演非常积极的间接管理者角色。在风险投资中，风险投资家虽然也会参与创业企业的管理，但他们参与的程度和介入的深度都不及天使投资人，他们更多是为创业企业提供外在的增值服务。

5.3.2 风险投资发展的合理性与必然性

企业进入成长期以后，设定的企业目标战略基本成型，此时企业准备着手投入资源（其中，资金是关键资源）去实现其目标战略。这使风险投资领域的发展具备了合理性与必然性。首先，对于企业来说，企业已经步过了种子期与成长期，在业内已经有了一定的基础，取得了一定的成绩，但其自身的能力与资源不足以帮助企业更进一步的扩张，需要借助外部的资金支持来帮助自身更进一步发展。其次，对于投资者来说，企业战略所隐含的关键性的假设通过市场已经有所验证，此时可以对项目进行理性分析，并能够对面临的风险进行相对准确的评估，这使投资者在选择目标企业进行投资时能够获取更多有用的信息，来帮助自身判断本次风险投资的效益。

5.3.3　风险投资的投资决策特征

1. 风险投资者的选择偏好

风险投资是创业企业的一个重要融资来源，可以帮助企业迅速发展，并使这些企业最终成为经济发展的重要力量。然而，并非想要融资的创业企业都能得到风险投资的资助，风险投资在投资创业企业时是有条件的。在确定目标企业之前，风险投资者在选择上通常会考虑以下两个方面：

首先，如何在投资前和投资后有效地减少信息不对称，是风险投资者在投资时必须考虑的重要问题。吴翠凤等（2014）认为，在投资前，相比远距离的创业企业，风险投资更容易从附近的、当地的创业企业中获取投资机会信息。近距离的投资可以使风险投资与创业企业之间的信息更加透明化，降低投资风险，同时大幅减少监管成本。因此，为了在投资后能够有效地监督、管理企业以减少管理层的道德风险，风险投资喜欢投资近距离的、熟悉的企业。

其次，吴翠凤等（2014）还认为，对于风险投资者来说，花在管理单个投资项目上的时间和精力极其有限，能减少的风险更是有限。因此，如何最大限度地减少投资风险是风险投资者选择投资对象前需要进一步考虑的问题。一般可以通过对外寻求外援（“抱团取暖”）和对内谨慎投资（“投石问路”）两种方式来降低投资风险。“抱团取暖”，即采用与其他风险投资联盟投资的方式来降低投资风险。一般来说，风险投资者会先通过观察其他风险投资对潜在项目的偏好来汇总相关信息，从而在对潜在项目的可行性和收益极端不确定的情况下选到更好的项目。“投石问路”，即采用分阶段投资的方式来降低投资风险。一方面，资本的分阶段注入允许风险投资者有充足的时间来搜集企业的相关信息和监管企业的发展，企业前景可以被有效地重估。对于任何重估结果，风险投资都享有放弃或者继续持有项目的权利，因而可以大幅减少投资的风险。另一方面，风险投资在试投资后，会根据企业的发展状况做出是否追加投资的决策。为了企业长远的发展，企业家会更加努力地经营，以达到风险投资的要求，获得进一步的发展资金。因此，分阶段投资是降低委托代理成本、减少投资风险的重要方式。

2. 风险投资者关注的价值

在实际的风险投资过程中，风险投资者将充分考虑创业企业的竞争优势，通常希望能够投资于商业模式和管理团队都很强的企业。优秀的风险投资往往更注重一个企业的技术竞争力，即是否比其他竞争对手更有优势。此外，在实际风险投资过程中，若风险投资有关乎 IPO 的经验，对于其资助创业企业的上市有很大的帮助，能够显著提高项目的成功率。较大的成功率使这类有 IPO 经验的风险投资通常更喜欢单独投资，独享项目收益。

5.4 私募股权投资

5.4.1 私募股权投资的概念与特点

1. 概念界定

私募股权（PE）投资是指投资于非上市股权，或者上市公司非公开交易股权的一种投资方式。私募股权投资的资金来源，主要面向有风险辨识能力的自然人或有承受能力的机构投资者以非公开发行方式来募集资金。这种投资由于到了项目发展相对成熟的阶段，基本上都是股权投资定时分配股利，投资风险相对较小、利润收益相对稳定。

2. 主要特征

私募股权投资的主要特征如表 5－4 所示。

表 5－4　私募股权投资的主要特征

企业投资阶段	金额投入级别	发起方式	一般退出战略
私募股权基金选择投资的企业大多已经到了比较后期的阶段，项目已到了成熟期。此时企业已经形成了较大的规模，本身的产业也实现了规范化。为了迅速占领市场，获取更多的资源，这部分企业需要大批量的资金	私募股权投资者选择投资的一般都是商业模式成熟，也具有一定规模的项目，此时公司通常属于预备上市阶段。上市代表着有巨大的盈利空间，这个阶段的私募股权投资可以说是来分蛋糕的，也叫 Pre－IPO。其投资额往往比风险投资还要大，通常在千万美元以上	私募股权投资同样大多采用有限合伙基金的运作模式，参与主体主要包括基金管理公司、私募股权基金投资者以及中介服务机构	私募股权投资通过私募形式筹集资金，对私有企业（非上市）进行权益性投资，同时附带退出机制（通过上市、并购或管理层回购等方式出售持股获利）

一般在收购结束后，私募股权投资者获得企业的控股权及董事会中的主要席位。此后，私募股权投资者将致力于通过多种手段提升被收购企业的核心竞争力和市场地位，以及考虑在适当的时候退出以实现投资回报。私募股权投资退出前的准备流程如图 5－6 所示。

建立项目协调小组，全面负责收购后整合工作的计划与实施

↓

聘请并任命优秀的首席执行官（CEO）和首席财务官（CFO）进驻被收购企业，与原企业的管理层一道，共同负责企业的日常管理事务，保障企业平稳运营

↓

帮助企业的新管理层完善与实施拟定的发展战略

↓

帮助企业在行业内整合资源，包括寻找可以产生协同效应的收购目标、引进人力资源、加强与主要供应商与客户的联系等

↓

帮助企业开辟海外渠道，进入海外市场

↓

根据市场状况，计划并实施退出方案

图 5－6　私募股权投资退出前的准备流程

5.4.2　私募股权投资发展的合理性与必然性

通常所说的私募股权投资指的是对于成熟期项目的投资。一方面，此时企业在市场上已经取得了一定程度的成功，企业通过稳定的经营已经能够从市场上可持续地获取经济资源，并已经取得了一定的市场地位，短期内不再面临生存的问题。此时企业融资的需求相对多元化，有些是为了规范上市，有些是为了实施并购进行产业整合，有些则可能是为了延伸业务线，不一而足。但它们都有一个共同的特征，即企业进行私募股权融资的目的都是为了迈上更高的台阶。另一方面，对投资者而言，此时企业自身拥有的经济资源已经较多，尽管投资的金额一般较大，但通过对赌、回购等契约条款能够将投资的风险大小锁定在一定的范围内，因而风险较为可控，私募股权投资者期望的是在较短时间实现较高收益，图的是快进快出。值得一提的是，此时企业某种意义上“并不差钱”，融资往往是着眼于长期战略或者产业资源整合，因此会要求投资者不仅仅出钱，还需要具备一定的产业背景或其他资源，以协助企业顺利完成其目标。

5.4.3 私募股权投资的投资决策特征

1. 私募股权投资者的选择偏好

好的项目是成功的关键，从诸多项目中甄选出一个好项目需要私募股权投资者对于拟投资公司的侦察力和预见公司未来发展的能力。在私募资本决定进入一个公司之前，私募股权投资者会根据管理层所提供的经营策略勾画出企业核心竞争力，这个核心竞争力以及对于这个核心竞争力商业化的运作和实现，就决定了这个企业能否在将来提升它的价值。值得一提的是，私募资本往往十分看重公司管理体制和股权架构的设置。由于股权架构的合理性决定了未来利益分配的合理性，如果拟投资公司的股权架构不足以支撑公司未来获得足够回报时，私募股权投资者就可能退出或者重新去做自己能够控制的架构。私募股权投资对目标企业的选择流程如图 5 - 7 所示。

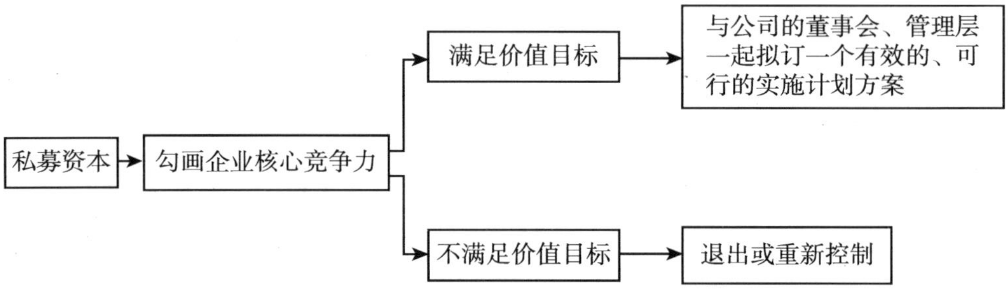

图 5 - 7 私募股权投资对目标企业的选择流程

2. 私募股权投资者关注的价值

在实际投资过程中，私募股权投资者期望的是在较短时间实现较高收益，图的是快进快出。也就是说，私募股权投资者的主要收益来自"低买高卖"（在有时间差的不同市场间套利）。由于"低买高卖"是投资的初衷，所以私募股权投资者一般要求拟投资的公司是优质的并且能在 2 ~ 3 年内顺利上市。判断标准主要包括：（1）拟投资的公司的规模、经营历史、企业的奖项荣誉和管理团队；（2）拟投资的公司以往的财务报表、年净利润、已有的主要产品及私募股权基金拟投资的产品或项目。

如果假设的某些潜在收益与预期发展情况没有实现，则会给私募股权投资者带来相应的损失。因此，在考虑基金管理人和项目的同时，还须单独考虑风控措施。风控措施是基金管理人和被投资公司双方之间的制约，主要指它们之间签订的一系列具有法律效应的协议合同。风控的主要措施有：限期上市协议、利润约定、抵押物、对赌协议、劣后资金等。风控措施越多，对投资者的保障越大。

5.5 创业投资退出

5.5.1　退出机制现状

由于创业投资是高风险与高收益的结合，而高收益必须通过一定的退出渠道实现，所以，创业投资的退出机制在整个创业投资体系中处于核心地位。创业投资者专门从事具有挑战性的风险企业培育工作，对风险企业经过一段时间的经营管理与培育之后，选择一种合适的退出方式实现投资收益，并将投资再投入到下一个风险企业中去，在不断的投资—退出—再投资的过程中实现资本的持续增值。

为了实现投资者的目的，就要求市场上有健全的退出机制，让投资者能够顺利地把资金撤出。国际上，一些学者将创业投资的退出渠道分为三种：上市，即首次公开募股；出售；清算。也有学者将退出渠道分成五种：上市；并购；次级出售；股票回购；清算。

具体实践而言，中国创业投资行业经历了十多年的发展，当前的创业投资退出方式的发展状况主要呈现明显的“二元化”特点（见表 5 –5）。

表 5 –5　　我国创业投资退出方式所呈现的“二元化”特点

“二元化”特点	境外直接上市	并购退出
优势	① 缓解投资机构和企业投入相当多的精力和人力来面对退出过程中的监管不可预测性 ② 外资创业投资机构依靠自身的海外背景及其对海外资本市场比较了解的优势，通过在海外设立控股公司等方式，免于受到我国目前政策和监管环境的限制	对内资创业投资机构而言，由于受我国当前法律法规的制约，再加上我国资本市场不完善，注定了内资创业投资机构大多只能采取并购方式先行退出
劣势	尽管企业已经在境外上市，但创业投资无法在短期内实现变现或退出	常常会受到管理层的抵制，原因是创业家担心企业被购并后在某种程度上丧失一定的独立性和控制权

5.5.2　首次公开募股：最理想的退出渠道

通过首次公开募股（IPO）实现创业投资的退出，实质上是推动所投资的企业从一个私人持股公司变为一个公众持股公司，从而实现股权的可流通。IPO 之所以成为投资者心中最理想的退出渠道，主要在于它可以给投资者带来可观的预期收益，但这种退出渠道同样存在劣势（见表5－6）。

表5－6　　IPO退出渠道的优劣势

优势	劣势
① 提供程度最高的股份流动性 ② 提供最有效率的价格发现机制 ③ 实现风险企业的最大增值，有利于创业投资实现大规模的扩张 ④ 投资者可以通过公开市场出售其所持的股份，从而达到实现资本增值的目的	① 这种退出方式并未实现真正意义上的退资，退资后的真正业绩还要受后几年股价的影响，而那时创业投资者已经丧失了对风险企业的特殊控制权利 ② IPO过程中承销商的承销费用、会计师的费用以及律师的费用等开支可能会相当高

5.5.3　愈加重要的并购退出

腾讯“证券研究院”赵湘怀（2017）指出，基于国内实际运作法律法规限制，并购退出在实践中更具实际意义。并购是市场低迷时最主要的退出方式。与IPO退出相比，并购有退出周期短、交易自主性强（无企业发展规模和财务业绩方面的特殊限制）、受市场波动影响小的优势。近年我国经验表明，并购在市场低迷、IPO受限时优势尤其明显。以2013年为例，由于IPO停牌，我国创投支持并购案例为446起，成为最主要的退出方式。相比之下，同期创投支持IPO案例仅有27起。

并购退出的实质是创业投资公司通过非公开市场出售其所持股权，从而实现投资退出。其中，将所持股份转让给其他创业投资机构，又称为“第二期收购”，是指创业企业由另一家创业投资公司收购，接手第二期投资。具体的并购退出流程如图5－8所示。

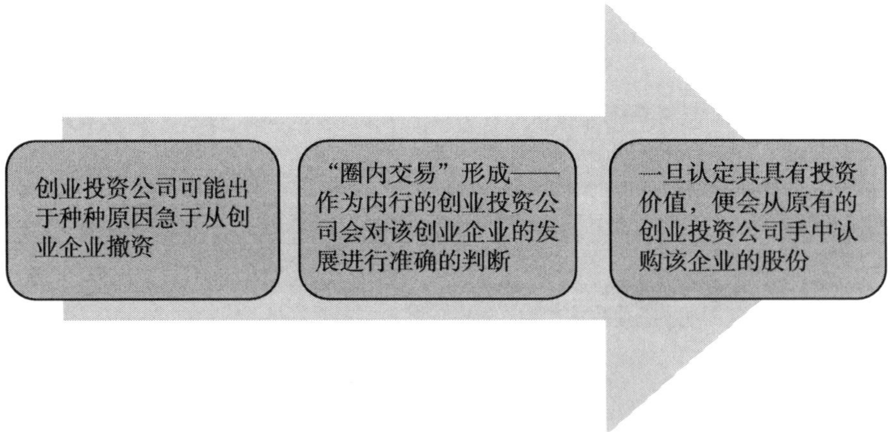

图5－8　并购退出流程

这种投资退出方式由于并不影响所投资企业的股权结构，操作起来比较方便，比较受投资企业的欢迎。但是，由于信息的不对称性，往往很难找到购并方，购并价格也很难令投资人和创业者双方满意。

5.5.4　股权转让与回购退出

股权转让是指创业投资者将自己的股东权益有偿转让给他人以套现退出的一种方式。股权转让是全球范围内流行的退出方式，但在实际的退出机制运行中，由于中国现存的法律政策限制，通过股权转让与回购的方式进行创业投资的退出更具实际意义。常见的股权转让方式包括私下协议转让、在区域股权交易中心（新四板）公开挂牌转让等。这既可以通过投资机构自有的渠道完成，也可以借助专业机构的兼并收购部门完成。

赵湘怀（2017）指出，股权转让与并购的区别在于并购完成后股权转让不一定获得对投资标的的控制权。与并购类似，股权转让的优势在于退出快速、自主性强并且受证监会鼓励。但其劣势也十分明显：内部决议过程复杂、法律程序烦琐、估值定价方面存在障碍等。2017 年第一季度，股权转让的平均回报倍数为 1.5，内部收益率（IRR）为 16.2%，相对低于 IPO 和并购。虽然在我国股权转让相比上市退出比例较小，但在全球范围内股权转让和并购一直是最为流行的退出方式。其原因或许可以归结为，在成熟金融市场中估值定价会更为成熟，股权转让的优势会得以充分发挥。

回购退出主要包括管理层的回购和企业回购两种方式，两者的特点如表 5－7 所示。

表 5－7　回购退出两种形式的特点

管理层回购的特点	企业回购的特点
① 适用于未上市企业的再创业活动与创业投资 ② 在对管理层的激励、监督方面也有很大的优势 ③ 可以保持公司的独立性，避免因风险资本的退出给企业运营造成很大的震动 ④ 企业家可以由此获得已经壮大了的企业的所有权和控制权	① 企业回购是指创业企业回购风险资本家的股份，通常在签订投资协议时就加以设定，这是风险资本家变现退出的保守方法 ② 双方通常约定，在投资期满风险企业仍然无法上市或转售给其他大公司的情况下，风险资本家有权以确定的价格和支付方式要求企业回购其股份

5.5.5　新三板挂牌：最受欢迎的退出渠道

新三板上市是比主板上市更灵活的退出方式。相比在主板上市，创投公司可以支持标的企业在新三板挂牌，之后通过交易退出。据清科研究中心统计，2017 年第一季度，新三板（131 笔）和 IPO（104 笔）是最主要的退出方式，紧随其后的是并购（31 笔）和股权转让（28 笔）。

赵湘怀（2017）指出，新三板退出有以下优势：首先，新三板市场的市场化程度比较高且发展非常快。截至 2017 年 6 月末，新三板挂牌数量超过 1.1 万家，市值超过 4.8 万亿元。其次，新三板的机制较主板而言比较灵活，挂牌时间短、成本低。所以，很多创业投资采取先让标的企业在新三板挂牌，再寻求在主板上市的方式。最后，新三板有国家政策的大力支持。2016 年 10 月，国务院在《关于市场化银行债权转股权的指导意见》中指出，鼓励债转股企业利用全国中小企业股份转让系统挂牌等渠道实现股权退出。但同时需要看到，新三板挂牌的缺点在于，新三板的投资者门槛过高、做市商数量不足、有关新三板的政策预期不明朗，这些都是制约新三板挂牌退出发展的因素。

关键词

种子期投资　天使投资　风险投资　私募股权投资　并购退出
公开发行上市　股权转让　新三板挂牌

本章小结

1. 在种子期阶段，投资者尚未能利用项目现有的情况进行理性的分析，对于项目创始团队和业务数据也存在信息不对称的情况，所以，通常种子期投资者容易处于被动地位。

2. 天使投资的民间性、自发性、个体性和分散性使它独立于风险投资与其他投资形式，成为一种具有强大生命力的、特殊的个人投资方式。

3. 在风险投资阶段，企业战略所隐含的关键性的假设通过市场已经有所验证，此时可以对项目进行理性分析，并能够对面临的风险进行相对准确的评估。这使投资者在选择目标企业进行投资时，能够获取更多有用的信息来帮助自身判断本次风险投资的效益。

4. 私募股权投资的资金来源，主要面向有风险辨识能力的自然人或有承受能力的机构投资者，以非公开发行方式来募集资金。

5. 通过首次公开发行股票实现创业投资的退出，实质上是推动所投资的企业从一个私人持股公司变为一个公众持股公司，从而实现股权的可流通。

思考题

1. 天使投资者在信息不对称的情况下，如何选择恰当的拟投资企业？

2. 风险投资与私募股权投资的异同点是什么？

3. 在投资退出阶段，如何根据实际情况选择具体的退出渠道？

下　篇

创业融资

第6章

创业融资概述

6.1 创业融资的概念界定

融资，即资金的融通。企业融资首先是为了满足其持续的生产经营活动的资金需要；其次是企业在实施开展对外投资、进行资本运作、调整资本结构等过程中，也需要筹集和运用资金，因而资本是企业创建和生存发展的一个必要条件，从最初建立到生存发展的整个过程都需要进行融资。

创业融资本质上是一个资源配置的过程，主要指创业企业在生存和发展过程中的融资行为。其目的是满足创业企业生存和发展的需要。不同性质和类型的创业企业在不同的成长和发展阶段，对资金的需求也体现出不同的特征。同时，由于创业企业自身的特性，比如在初创期企业风险高等特点，决定了创业企业选择不同的融资方式和渠道。

6.2 创业融资的类型

20 世纪 70 年代，美国经济学家韦斯顿（Weston）和布里格姆（Brigham）指出企业在不同的发展阶段融资的来源有所不同，就此提出了企业金融生命周期假说（financial life cycle of firms，FLCF），包括创立期、成长阶段Ⅰ、成长阶段Ⅱ、成长阶段Ⅲ、成熟期和衰退期六个阶段。该假说指出，企业在初创期的主要资金来源是创业者的自有资金；随着企业的不断成长，融资渠道逐渐拓宽，除了内部性的留存收益等，会逐渐增加银行短期和长期的商业贷款；在成长阶段Ⅲ期和成熟期时，还可以在证券市场进行融资；在衰退期，通过并购、股票回购及清盘等方式实现金融资源的撤出。美国经济学家伯杰（Berger）和尤德尔（Udall）对企业金融生命周期假说进行了修正，发展形成了企业金融成长周期理论（financial growth cycle of firms，FGCF）。该理论认为：企业在成长周期的不同阶段，信息约束条件、企业规模和资金需求都不尽相同，因此，需要有一个多样化的金融体系来应对不同成长阶段的融资需求。企业初建时，各项经营活动处于启动阶段，资产规模相对来说比较小，也没有完备的财务审计信息纪录，企业的信用评级相对较低，此时获得外部性融资的可能性很小，内部性融资成为主要的融资来源；当企业步入成长期，有较好的成长业绩，企业可以对外提供的信息逐步完善，具备了一定的商业信用，于是可以较多地尝试短期贷款等债务融资和风险投资；在进入稳定增长的成熟阶段后，企业成为一个有一定规模的中型企业，有较为完备的业务记录和财务管理制度，开始具备进入公开市场发行有价证券的资产规模和信息条件。至于在公开权益市场募集长期资金，需要企业发展到相当程度才可以实现。随着企业的成长壮大和信息透明度的不断升高，企业稳定的长期筹资渠道会不断拓宽。

从融资主体的角度来看，企业融资可以划分为外源融资和内源融资。从企业的自身条件来讲，创业企业一般属于中小企业，在初创期则属于小微企业，具有资产规模小、信息透明度不高、管理水平低、资信水平低、财务制度不健全等特点；同时，创新型企业相比其他一般企业具有更大的风险性，信息不对称问题更加严重。企业创新开发新技术、研发新产品、尝试新的商业模式，都有待市场检验，因此具有更大的风险性。信息不对称问题会使创业企业在很多融资渠道上受限，因此，创业企业在初期的融资渠道更多是依靠内源融资。随着企业的不断成长，融资渠道逐渐拓宽，内部性的融资会减少，会逐渐增加银行短期和长期的商业贷款，甚至还可以在证券市场进行融资。近年来，政府充分意识到中小企业在国民经济中的重要地位，不断采取各种方式扶持科技含量高的产业或者优势产业。为此，各级政府相继设立了一些政府基金予以支持。因此，符合条件的创业企业可以通过政府扶持基金来获得资金支持。创业企业在不同的发展阶段会采取不同的融资渠道，具体的融资类型如表 6-1 所示。

表 6-1 创业融资的类型

内源融资	自有资本	
	留存收益	
	出售资产的收入	
外源融资	债券融资	直接债券融资
		间接债券融资
	股权融资	私募股权融资
		公募股权融资
	基金	政府基金
		创新基金
		风险投资基金

6.2.1　内源融资

内源融资是指企业可以创造资本、积累资本并将国内资金转化为自己在业务流程中的投资的过程。内源资金可以通过增加留存收益来融资，也可以通过降低成本和降低资本要求来融资。例如，企业原始股东追加资本金，增资配股；现有股东放弃或减少分红权益，将红利转为资本公积金继续投入企业经营；企业实施员工股权激励计划等。内部性的债权融资，即企业在内部拆借或挪用资金。内源融资同其他融资方式相比，最大的优势就是融资成本低，所以，在具体操作中，内源融资为创业者的首选。

6.2.2　外源融资

外源融资是指企业通过银行贷款和发行股票、企业债券等方式向企业之外的金融或非金融机构筹集资金的融资方式。它具有高效性、灵活性、大量性和集中性等特点。从实际看，外源融资是成长中的企业获取资金的重要渠道。外源融资主要包括股权融资、债权融资和基金融资。股权融资，主要有在证券交易所或报价系统挂牌交易等一级市场发行股票的公开股权融资，引进天使投资、风险投资、私募股权等非公开股权融资等。债权融资，即通过企业信用从银行借款或者发行债券进行外源融资等。基金融资，即通过第三方机构设立发行基金券（如受益凭证、基金单位、基金股份等），将不确定多数投资者的不等额出资汇集成一定规模的信托资产，交由专门的投资管理机构，按照投资组合原理直接投资于企业或项目，并通过资本经营和提供增值服务对受资企业或项目加以培育和辅导，使之相对成熟和强壮，以实现资产保值增值与投资回收，投资收益按出资比例分成的融资方式。

1. 股权融资

股权融资是指企业的股东愿意让出部分企业所有权，通过企业增资的方式引进新的股东的融资方式，总股本同时增加。股权融资所获得的资金，企业无须还本付息，但新股东将与老股东同样分享企业的盈利与增长。股权融资按融资的渠道可划分为两大类：私募发售方式的私募股权融资和公开市场发售方式的公募股权融资。具体如图 6 - 1 所示。

私募股权融资是指采取私募而非公开募集的形式对未上市公司和企业进行权益性投资，并采取一些合法方式对股权进行出售以获取一定盈利的投融资活动。作为一种新的集中资金进行投资的方式，私募股权融资包含多种投资形式，如直接注资、Pre - IPO 资本、风险并购基金、杠杆收购等。近年来随着互联网的发展，出现了股权众筹这一新型的私募股权融资方式。股权众筹是指公司出让一定比例的股份面向普通投资者，投资者通过出资入股公司，获得未来收益。这种基于互联网渠道进行融资的模式被称作股权众筹。另一种解释为，股权众筹是私募股权互联网化，股权众筹发起人通过独立的第三方股权众筹平台发起股权众筹，在该平台上注册并审核通过的投资人在平台的撮合下达成投资交易。

公募股权融资是指以社会公开方式向公众投资人出售股权的融资。公募股权融资的优点是，可以利用证券市场向公众直接融资，取得大量资金；缺点是，公司必须通过证券交易所和公告声明等向公众提供全部信息。

2. 债权融资

债权融资是指通过负债的方式取得资金，具体包括向市场发行债券或向银行等大型金融机构进行贷款、民间借贷等。从企业融资的渠道可将债权融资进一步细分为直接债权融资和间接债权融资，前者主要指企业自身直接发行债券向社会募集发展资金等；后者主要指企业通过一些大型的金融机构取得贷款。具体如表6－2所示。

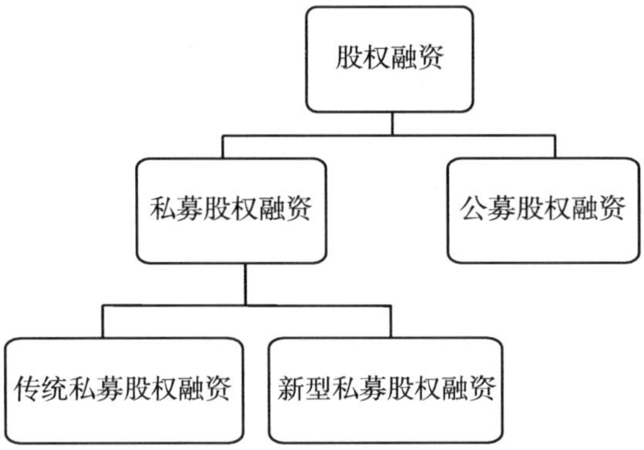

图6－1　股权融资分类

表6－2　债权融资分类

间接债权融资	银行存款
	非银行金融机构贷款
	融资租赁
	民间借贷
直接债权融资	发行债券
	发行商业票据
	商业信用

3. 基金融资

创业企业除了通过股权或者债权进行融资外，还可以通过基金渠道进行融资。

（1）政府基金。近年来，政府充分意识到中小企业在国民经济中的重要地位，尤其是各省（区、市）、各级政府，为了增强自己的竞争力，不断采取各种方式扶持科技含量高的产业或者优势产业。为此，各级政府相继设立了一些政府基金予以支持。因此，符合条件的创业企业可以通过政府扶持基金来获得资金支持。

（2）创新基金。创新基金是经国务院批准设立，用于支持科技型中小企业技术创新的政府专项基金。通过拨款资助、贷款贴息和资本金投入等方式，扶持和引导科技型中小企业的技术创新活动，促进科技成果的转化，培育一批具有中国特色的科技型中小企业，加快高新技术产业化进程，必将对我国产业和产品结构整体优化，扩大内需，创造新的就业机会，带动和促进国民经济健康、稳定、快速发展等起到积极作用。

（3）风险投资基金。风险投资基金又称为创业基金，是现今广泛流行的一种新型投资机构。它以一定的方式吸收机构和个人的资金，投向那些不具备上市资格的中小企业和新兴企业，尤其是高新技术企业。风险投资基金无须风险企业的资产抵押担保，手续相对简单，它的经营方针是在高风险中追求高收益。风险投资基金多以股份的形式参与投资，其目的就是为了帮助所投资的企业尽快成熟，取得上市资格从而使资本增值。一旦公司股票上市后，风险投资基金就可以通过证券市场转让股权而收回资金，继续投向其他风险企业。

6.3 创业融资的现状

6.3.1 “一带一路”背景下创业融资的现状

在“一带一路”背景下，国家以及各省（区、市）积极构建“一带一路”国际产业链金融、供应链金融、互联网金融、创业金融、融资租赁和资本市场协作等一体化投融资服务体系；与战略合作伙伴（包括投资银行、园区基地、重点企业等）联合设立产业孵化与引导基金、私募股权投资基金、创业投资基金、天使投资基金等系列投资基金产品；规划设计和发起项目债权、企业债券、信托基金等，创新直接融资、间接融资、项目融资、PPP 融资等产融结合模式，创新金融投资商业模式，拓宽融资渠道；推动项目合作对接、私募股权投资、天使投资和项目管理，积极搭建众创、众包、众扶、众筹、普惠、共享的国际化、公益性服务平台，推动各类城市创业创新要素聚集，提高创业创新资源配置效率，在更大范围、更高层次、更深程度上推进大众创业、万众创新，塑造和优化创业创新生态，培育中国经济新引擎。相比过去创业企业的融资结构，从过去的以内源融资为主转为以外源融资为主；从过去的间接融资方式转为今天的直接融资方式；从过去主要依赖银行贷款、债权融资方式转为今天的以股权融资方式、创业投资基金、政府扶持基金为主。

6.3.2 “双创”背景下我国创业融资的现状

在“双创”战略的大背景下，2015年创业融资项目的数量出现井喷式增长，私募股权融资呈现高速增长态势，投资案例数量和投资金额都创下历史新高。困扰中小微企业融资的信息不对称问题，在一定程度上得到缓解。自从《国务院办公厅关于发展众创空间推进大众创新创业的指导意见》发布以来，涌现出了一大批孵化器、创客空间、创新工场等创业服务机构，对创业企业和项目在知识、信息、资源和政策等方面进行帮扶。创业企业在众创空间里实现从无到有，创业服务机构对企业基本情况有一个比较清楚的了解，甚至有的众创空间本身就是由创业投资机构开办的，因此，在企业对接资本时，能够为资本方提供完整而规范的信息，在一定程度上缓解了创业企业融资难的问题。这些制度和模式方面的创新，很大程度上缓解了许多创业企业融资时面临的信息不对称问题。刘凤凤（2016）指出，与2014年或更早的时期相比，我国的创业融资环境与生态出现了新的积极的变化。从创业企业的融资结构角度来看，发生了如下变化：从过去的内源融资为主转为以外源融资为主；从过去的间接融资方式转为今天的直接融资方式；从过去主要依赖债权融资方式转为今天的以股权融资方式为主。

6.3.3 “粤港澳大湾区”战略背景下创业融资的现状

在“粤港澳大湾区”战略背景下，广东正深入实施创新驱动发展战略，凭借优越的人才和创新资源，积极打造国家科技产业创新中心。为吸引港澳投资者和跨国公司前来投资，广东省政府着力为企业发展打造优越环境；为投资者打造投资路径并鼓励其积极发展，并为投资回报的获得提供便利；为初创公司和科技公司达成合作提供帮助。这些举措无疑对创业企业融资有一定程度的帮助，使创业企业更易于通过外部进行融资。粤港澳大湾区是当今国际经济发展的重要载体，也是高科技诞生地和科技企业的成长地，吸引着无数创业者和投资者，成为带动全球经济发展的重要增长极和动力源。近年很多跨国企业以及风险投资公司在广东开展了投资，比如美国思科公司。此外，由南沙开发区管委会联合中国风险投资研究院、中国民生投资集团华南总部、广州基金等机构共同发起设立的总规模高达300亿元人民币的南沙母基金项目，将聚焦粤港澳大湾区发展，助力实体经济发展和科技创新，专注新一代信息技术、高端制造、人工智能、节能环保、生物医药等战略新兴产业的发展。未来大湾区将会是人才、资金的集中地，再搭配以政策优势，粤港澳大湾区将成为创新产业的集结地，也将成为青年实现创业梦的不二选择。

不管是在“一带一路”倡议、“双创”战略还是在“粤港澳大湾区”背景下，基于互联网的发展，私募股权互联网化，股权众筹发起人通过独立的第三方股权众筹平台发起股权众筹，在该平台上注册并审核通过的投资人在平台的撮合下达成投资交易的股权众筹模式也应运而生。

关键词

创业融资　　内源融资　　外源融资　　债券融资　　股权融资　　基金

本章小结

首先，对创业融资的概念进行了界定；其次，介绍了创业融资的渠道，主要从内源融资和外源融资两个方面来展开；最后，介绍了在“一带一路”倡议、“双创”战略、“粤港澳大湾区”战略背景下我国创业融资出现的新变化。从创业企业的融资结构角度来看，发生了如下变化：从过去的以内源融资为主转为以外源融资为主；从过去的间接融资方式转为今天的直接融资方式；从过去主要依赖债权融资方式转为今天的以股权融资方式为主。

思考题

1. 什么是创业融资？
2. 债券融资和股权融资的区别有哪些？
3. 我国创业融资出现的新变化有哪些？

第7章

创业融资的基本要素

7.1 制订商业计划书

商业计划书（business plan）是一份全方位的项目计划，它的主要意图是递交给投资人，以便于投资人对企业或项目做出评判，从而使企业获得融资。因此，从本质上说，商业计划书是和投资人的一种沟通方式。商业计划书有一定的格式，几乎包括所有投资人感兴趣的内容，从企业成长经历、产品服务、市场、营销、管理团队、股权结构、组织人事、财务、运营到融资方案。只有内容翔实、数据丰富、体系完整、装订精致的商业计划书才能吸引投资人，从而实现融资计划。商业计划书的起草是一个复杂的系统工程，不但要对行业、市场进行充分的研究，还要有很好的文字功底。对于一个发展中的企业，专业的商业计划书既是寻找投资的必备材料，也是企业对自身现状及未来发展战略全面思索和重新定位的过程。

在日常生活中，商业计划书主要分为以下四类，即微型计划书、工作计划书、提交计划书和电子计划书。

（1）微型计划书。几乎每个商业理念都起始于某种微型计划。微型计划书篇幅不限，应当包括的关键内容有商业理念、需求、市场营销计划以及财务报表等，特别是现金流动、收入预测以及资产负债表。微型计划书是迅速检验商业理念或权衡潜在的合作伙伴价值的最佳途径，它也可以为以后拟订长篇计划书提供有价值的参考。微型计划书可以看作商业计划书的浓缩和提炼，对于吸引投资人、提高融资效率有很大影响。

（2）工作计划书。工作计划书是运作企业的工具，会用较长篇幅来处理细节，叙述应简洁。作为给内部人员使用的指导性文件，工作计划书不必纠结于排版、装订等方面，但在事实和数据方面的内在统一对于工作计划书和其他外向计划书同样重要。

（3）提交计划书。尽管它与工作计划书有几乎相同的信息量，但在风格上有些不同。除用语要求有所不同外，提交计划书还应包括一些投资人所需要的关于所有竞争压力与风险的附加内容。

（4）电子计划书。即电子版商业计划书。在计算机应用普及的今天，电子计划书以其速度快、传送便捷、形式直观、成本低廉等优势得到了广泛应用。但电子计划书更易复制和传播，不利于有关信息的保密，因此，也不能完全替代纸张式计划书。

有关商业计划书的用途，各界有很多种不同的说法，但总的来说，主要有以下三点：

（1）商业计划书是一种沟通工具。商业计划书可以用来介绍企业的价值，从而吸引投资、信贷、员工、战略合作伙伴，或包括政府在内的其他利益相关者。一份成熟的商业计划书不但可以向阅读者描述公司的成长历史，展现未来的成长方向和愿景，还将量化出潜在盈利能力。

（2）商业计划书是一种管理工具。商业计划书归根结底是一份计划书，它能引导创业者走过公司发展的不同阶段。一份有想法的计划书能帮助创业者认清挡路石，从而让创业者绕过它。很多创业者都与他们的雇员分享商业计划书，以便让团队更深刻地理解自己的业务到底走向何方。大公司也在利用商业计划书，通过年度周期性的反复讨论和仔细推敲，最终确定组织未来的行动纲要和当年的行动计划，并让上级和下级的意志得到统一。商业计划书也能帮助创业者跟踪、监督、反馈和度量业务流程。优秀的商业计划书将是一份有生命的文档，随着团队知识与经验的不断增加，它也会随之成长。当建立好公司的时间轴及里程碑，在一个时间段后，创业者就能衡量公司实际的路径与开始的计划有什么不同了。越来越多的公司开始利用年度周期性的计划工作，总结上一周期的成功与不足，以便调整集体的方向与步骤，并进而奖优罚劣，激励团队的成长。

（3）商业计划书也是一种承诺工具，这往往很容易被人们所忽视。承诺工具的目的在企业利用商业计划书执行融资工作的时候体现得最为明显。和其他的法律文档一样，在企业和投资人签署融资合同的同时，商业计划书往往将作为一份合同附件存在。与这份附件相对应的是主合同中的对赌条款。对赌条款和商业计划书共同构成了一个业绩承诺：当管理人完成或没有完成商业计划书中所约定的目标时，投资人和企业将在利益上如何重新分配。在辅助执行公司内部管理时，商业计划书也是一个有效的承诺工具。在上级和下级就某一特定目标达成一致后，他们合作完成的商业计划书就记录下了对目标的约定。这样的约定将成为各类激励工具得以实施的重要基础。商业计划书也体现了上级对下级的承诺。公司战略得以展开，必然意味着必要的资源投入。只有经过慎重思考的战略，才能够让领导人具有必要投入的决心。人们可以原谅因为具体环境的变化、知识的增长带来的行动计划乃至战略的调整，但是，却没有人愿意和一个朝三暮四、朝令夕改的不具备战略思考能力的领导人共同工作。所以，商业计划书的承诺作用在公司经营发展中很重要。

既然商业计划书如此重要，那么在制订商业计划书时需要注意哪些方面呢？下面就从制订商业计划书的前期准备工作、商业计划书的主要内容以及制订商业计划书需要注意的问题三个方面进行说明。

7.1.1 制订商业计划书的前期准备工作

制订商业计划书的商业计划书的前期准备工作主要包括：（1）进行企业优势、弱势、机会与威胁分析，分析的目的在于对企业的综合情况进行客观公正的评价，以区别各种优势、劣势、机会和威胁因素，从而有利于开拓思路，审视企业未来的发展方向。（2）重新确定企业的目标和绩效指标。将企业内外环境所形成的机会、风险、优势、劣势四个方面的情况结合起来进行分析，以寻找并制定适合本企业实际情况的目标和绩效指标。（3）确定企业达到目标的最优战略。（4）回顾行动计划并做成本分析。（5）设定公司的财务绩效指标。（6）公司要建立绩效考核和控制系统。

可以看出，商业计划书不仅是吸引外部投资资金的说明书，也是一个持续计划的工具，可帮助企业在市场经济中成功地运作。制订商业计划书的过程就是审视和检查企业的过程，能使企业非常清楚地认识到自身运作的方向、所需要的资源及付出的努力。所以，在制订商业计划书的过程中，要非常专业并且尽可能诚实地评价自己的企业。

7.1.2 商业计划书的主要内容

商业计划书的内容框架不一定适合每一个企业，企业可以根据自身的特色运用不同的框架以达到融资目的，但一般来说会包含以下内容（见图 7－1）。

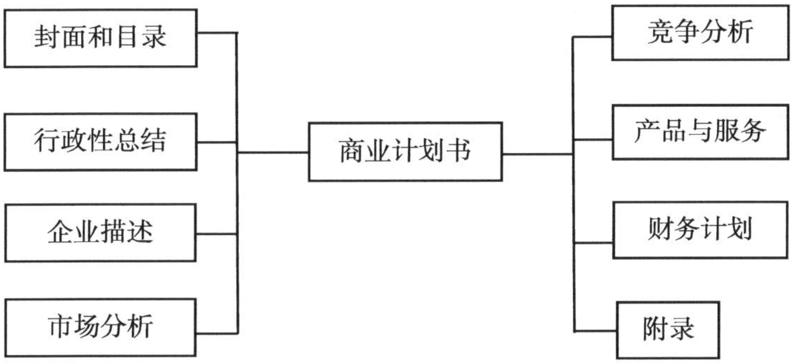

图 7－1　商业计划书内容框架

（1）封面和目录。商业计划书的封面设计要专业，封面上应提供联系信息。如果要递交给投资人，封面要美观漂亮，并附上保密说明，而准确的目录索引能够让投资人迅速找到他们想看的内容。

（2）行政性总结。这是一个非常重要的纲领性前言，主要是概括介绍企业的来源、性质、目标和策略，产品和服务的特点，市场潜力和竞争优势，管理队伍的业绩和其他资源，企业预期的财政状况及融资需求等信息。

（3）企业描述。介绍企业的历史、起源及组织形式，并重点说明企业未来的主要目标（包括长期和短期）；企业所提供产品和服务的知识产权及可行性；这些产品和服务所针对的市场以及当前的销售额；企业当前的资金投入、准备进军的市场领域，以及管理团队与资源。

（4）市场分析。描述企业定位行业的市场状况，指出市场的规模、预期增长速度和其他重要环节，包括市场趋势、目标顾客特征、市场研究或统计、市场对产品和服务的接受模式及程度，对投资者而言，要让他确信这个市场是巨大且不断增长的。

（5）竞争分析。明确指出与企业竞争的同类产品和服务，分析竞争态势和确认竞争者信息，包括竞争者的身份、来源和所占市场份额，他们的优点和弱点，最近的市场变化趋势等，同时认真比较企业与竞争对手的产品和服务在价格、质量和功能等方面有何不同，解释企业为什么能够赢得竞争。

（6）产品与服务。列举企业当前所提供的产品和服务类型，以及将来的产品和服务计划，陈述产品和服务的独到之处，包括成本、质量、功能、可靠性和价格等，指出产品所处生命周期或开发进展，如果本企业的产品和服务有独特竞争优势，应该给出保护性措施和策略。

（7）财务计划。包括企业的实际财务状况、预期的资金来源和使用、资产负债表、利润表、预期收入（利润和亏损状况），以及现金流量预测等。这部分内容是商业计划的关键部分，制定过程中最好能寻求会计师和其他专业人士的帮助。财务预测的设想总是先于实际的数字，所以，预测要现实、合理并且可行。

（8）附录。这部分应附上关键人员的履历、职位，组织机构图表，预期市场信息，财务报表，以及商业计划中陈述的其他数据资源等。

7.1.3 制订商业计划书需要注意的问题

对于一个新创业公司来说，要制订一份成功的商业计划书，有几个核心问题需要格外注意。核心问题讲明白、讲透彻，才能打消投资者的疑惑，才能给投资者以投资的信心。

1. 计划书不一定越长就越好

有些人认为商业计划书写得越厚，显示准备工作做得越充分，越能得到投资者的青睐。注意，很多投资银行的投资人每天需要阅览大量的项目计划书，想象一下，当投资人看到一本厚厚的文字报告，甚至看了好几页都看不到重点，他是什么感受呢？因此，在制订商业计划书时，目的是吸引投资人的注意力，能够快速地让投资人了解公司的项目和优势，并做出专业的判断。要开门见山地切入主题，用真实、简洁的语言描述公司的想法，不要浪费时间去讲与主题无关的内容。同时，可以尝试加上一些图表，如数据可以做成柱状图等形式，让投资者一目了然。

2. 投资资金的具体用途

计划书中需要对公司为什么需要这笔融资做出具体的说明。虽说公司的融资是用于生产和销售，但每一笔具体的资金肯定和一个具体的发展执行计划相关联，投资者对于其投资资金的具体使用方式是非常关心的。只有详细且准确地说明所融资金的用途，才能给投资者更高的信心和投资的动力。

3. 有哪些可以保证收益的方法

业绩指标人人会编制，但具体如何达到这个业绩，没有保证及手段，无异于纸上画饼。如何保证计划书中提到的未来的增长与发展，有哪些相异于行业中其他竞争对手的独有的企业发展手段和思路，是每一个投资者在投资的时候非常关心的问题，这一点需要在计划书中详细说明。

4. 提供过往的经营情况或者创业情况

对于投资者来说，他对于公司成立的时间，公司如今的规模，过去历年销售额、净利润，公司过往的增长速度，公司实现了什么样的经营目标，这些年在市场上积累起来的团队、资金、品牌声誉和销售渠道等格外关心，因为这些都极大关系到公司未来的发展趋势和发展前景。而对于一个创业公司来说，投资者关心的是公司的理念和创业情况，更关心公司未来的潜能和发展情况。这些应尽可能在商业计划书中表现出来。

5. 阐述公司的核心竞争力

一个创业公司相较同行业中已经生存很久的其他公司，它在市场上立足且得以发展的长久竞争力是投资者关注的重点。是因为特别的产品设计、另辟蹊径的销售渠道，还是因为特殊的成本优势和供货优势或者创新的科技水平等，都是创业公司商业计划书中可以重点介绍的内容，是取得投资者认可、获得融资成功的重点。例如，在描述技术性项目、团队介绍方面，要着重描述自己团队的科研实力，突出自己的优势。

另外，当描述公司策略和竞争者时，应对投资者坦诚相待，刻意规避竞争对手的存在也会给投资人留下不良印象。应尽可能地搜集更多资料，对于市场前景、竞争优势、回报分析等要从多角度加以分析和总结，对于可能出现的困难或问题要有足够的认识和预估，同时准备多位顾客的事前采购协议，帮助投资者强化项目可行性认识。对于细节更需要格外注意，不可以以偏概全，更不能因小失大。

6. 说明公司的核心经营团队

一个公司的核心经营团队是其能否健康发展的重要因素。所以，商业计划书中还有一个核心就是对公司核心经营团队进行说明。创始人是谁，公司的重要人物有哪些，公司的发展契机是什么，公司的管理团队是否有能力如创业初期许下的承诺那样带领公司完成发展？这些都是商业计划书中应该涉及的。

7.2 创业融资策略

7.2.1　选择合适的风口及恰当的融资贷款时机

对于一个企业来说，能否获得稳定的资金来源、及时足额筹集到生产要素组合所需要的资金，对企业的经营和发展至关重要。这点对于创业公司更为关键。但是，创业融资贷款也要讲究时机和效率，合理地选择合适的风口和恰当的融资贷款时机，有时候甚至可以决定能否取得融资贷款。

1. 基于公司融资需求的融资时机选择

随着经济的发展，融资已成为创业公司和众多中小企业的热门话题，很多企业热衷于此。然而，企业在进行融资前，先不要把目光直接对准各式各样令人心动的融资途径，更不要草率地做出融资决策。首先应该考虑的是，在企业现在的经营状态下必须融资吗？融资后的投资收益如何？融资即意味着成本，融资成本既有资金的利息成本，还有可能是昂贵的融资费用和不确定的风险成本。因此，只有在精准分析公司当前对融资的需求后，才能对公司融资时机有更精确地把握，才能提高融资成功率。

对一个企业来说，即使是一个很优质的企业，考虑其内部发展阶段，也不是任何时候都适合融资的。PE 项目（即有部分利润的企业）中有许多企业目前现金充足、状况良好，很多企业家认为目前有钱，不需要融资。这个观点是错误的。首先要分析清楚自己什么时候最需要钱，做好正确的财务预测。等缺钱的时候再去融资，主动权往往掌握在投资者手里，并且越着急用钱，对谈判越不利。早期的 VC 项目，选择时机格外重要。准备不足，过早进入融资市场，投资者绝大多数都会持观望态度，等待企业的下一个发展阶段。企业不能指望投资者雪中送炭，这毕竟是生意。而更严重的后果是，这会直接令投资者形成第一印象：这个项目不行。这会加大日后的融资难度，给企业自身带来很大的压力。我们往往会建议企业集中精力做出一个小阶段的提升甚至飞跃，以便一鼓作气拿下融资。这样，对融资时机的把握就格外重要。

企业的融资机会是在某一特定时间出现的一种客观环境，虽然企业本身也会对融资活动产生重要影响，但与企业外部环境相比，企业本身对整个融资环境的影响是有限的。在大多数情况下，企业实际上只能适应外源融资环境而无法左右外部环境，这就要求企业必须充分发挥主动性，积极地寻求并及时把握各种有利时机，确保融资获得成功。

2. 基于金融环境趋势的融资时机选择

由于融资的外部环境复杂多变，企业融资决策应具有超前预见性，为此，企业要能够及时掌握国内和国外利率、汇率等金融市场的各种信息，了解国内外宏观经济形势、国家货币及财政政策，以及国内外政治环境等各种外部环境因素，合理分析和预测能够影响企业融资的各种有利和不利条件、可能的各种变化趋势，以便寻求最佳融资时机，果断决策。

除去这些宏观因素的影响，创业者还要考虑融资市场的季节性变化。在行业内大家似乎都有着心照不宣的共识：融资最糟糕的时机莫过于夏天的三伏天和感恩节过后。然而事实证明，这样的共识似乎也不全然对。例如，对于风投市场，有投资者研究了风险投资者们在一年中每个月的投资金额纪录的数据，发现了三点规律：夏天的酷暑对风险投资者们的影响非常显著；越是接近年末，风险投资者们投资就越多；十二月和一月之间，投资总额相差甚多，十二月的投资金额比一月多出了75%，投资项目数量多50%。他们认为风投市场的季节性是确实存在的。

但是，作为一个理性的企业人，季节性变化可以作为参考，但更应该具有对金融市场敏锐的判断力，判断出融资的最佳时期。

7.2.2 选择合适的投资机构

对于企业融资来说，除选择一个合理的时机外，还不可避免地要和各种投资机构打交道，找到合适的投资机构对于一个项目甚至一个公司来说也是十分重要的。特别是对于中小企业来说，融资往往并不是一件容易的事情，加上国家宏观调控政策的变化，融资具有更多的不确定性。如何在复杂多变的环境中找到适合自己的投资机构，是一个值得企业思考的问题。

1. 找好自己的定位

要满足自己的需求，首先要知道自己需要什么。不同的融资需求应该寻求不同的融资方式和投资机构。企业应该清楚自己面临的是即时需求、近期需求还是远期需求等，从而对症下药。此外，企业要对自己所处的行业、所面对的市场、所服务的客户、所创造的销售利润及今后几年的发展前景有清晰明确的判断，对行业发展动向、市场估值水准及行业中的竞争者也要做到心里有数。

2. 不同需求情况下的选择

当一个企业确定了自己资金的用途以及需要的紧急性时，就可以寻找适合自己的融资方式和投资机构。例如，有一些投资机构要求准备的资料比较齐全、程序比较繁杂、融资的时间会比较长，如果一个企业急需资金，则不适合找类似的投资机构。接下来主要根据企业对于资金需求紧急性的不同进行讨论。

如果企业面临即时需求，很多融资途径是行不通的。例如，一般情况下，小企业管理局、小企业投资项目、进出口银行，以及经济发展项目融资时限长，涉及利益方比较多，审批过程十分复杂。要获得小企业管理局的贷款，创业者必须完成两步文书申请工作。补贴贷款项目可能有很长的等候名单，需要等很久。从天使投资人来说，需要进行尽职调查和一连串的审批过程。上述方式都不太适合。

即时融资最现实的方式是通过不用谈判、没有审批程序或者已经通过批准的来源。如果一个公司正处于发展阶段，急需要资金，一般用于抵押的资产相对较少，最现实、最快的方式是寻找人脉关系提供资金。可以找寻亲戚朋友，也可以找寻一些认为公司的项目有前景的战略伙伴。另外，可以选择延缓账单支付的方式来获得较快的资金，也可以选择通过贷款获得资金，但相对来说，其成本肯定高于依靠人脉关系这一途径。

若资金并不急需时，可选择的融资途径和投资机构相对较多。上述提到的方式都可以进行尝试。但若需要长期的资金，则应该选择规模较大、比较可信的投资机构。长期资金供应方一般需要对企业进行充分的尽职调查，需要做好更加充分的准备。

不同的融资需求量也应该考虑不同的投资机构。例如，对于相对小的融资需求量，小企业管理局、经济发展机构、银行、小型私募股权以及天使投资人都是可以选择的机构。而大额度的融资则主要来自向机构投资者配售债券、创业投资人以及战略合作者，如果融资需求额度非常高，创业者可以考虑发债。

3. 了解投资公司的具体情况

企业在找寻合适的投资公司时会发现，一些投资公司可能并没有足够的资金进行投资，但却要求企业在资金给予之前写出详细的商业计划书等，因此，当有投资公司愿意给予投资时，企业还需要对该投资公司进行详细的了解，以确定该公司的实力，判断其是否就是企业想找的对象。例如，当从一家风险投资公司获得资金的时候，就意味着需要与这一风险投资人合作相当长的一段时间，在获得资金前要尽可能全面地了解对方。每家风险投资公司都有自己的网页，应该去看看，摸清这家公司的情况。

最后需要指出的是，企业文化和经营理念是一个企业的灵魂，资金再大的投资公司，如果在理念与文化方面与企业自身相冲突、相违背，建议企业寻求其他更好的选择。

7.2.3 建设良好口碑及公司品牌价值的方法策略

找准融资时机和选择一个合适的投资机构是重要的外在因素。企业想要融得更多的资金，在市场中占据一席之地，公司内部的建设才是内在因素，而良好的企业口碑和公司品牌价值是必不可少的。公司品牌是公司形象的具体象征，是拓展发展空间的重要保证。无论对于已经成功的大企业，还是对于新创业的小公司，要想从银行获得贷款，企业就必须树立良好的口碑，增加公司的竞争力，让银行对贷款的安全性绝对放心。同时，好的品牌建设也能提升他方对公司的信任度和认同度，有助于获得更优的资源。

1. 对产品的精确定位

企业要能一句话讲清楚所做项目的产品定位。找准产品定位并不是简单的事情，当向投资方介绍一个项目时，有清楚的项目产品定位才能给对方一个良好的直接印象。很多企业都尝试多种产品定位，因为它们害怕被囿于某一细分市场，意图觊觎整个市场，但却很难平衡产品在不同领域使用中的性能，最后适得其反。

2. 站在客户的角度思考问题，打造品牌特质

站在客户的角度思考问题，设计出符合市场需求的产品，创造出有自己独特想法的东西才能被人记住，投资方才会有兴趣把钱投给创业企业。因此，创业团队要想提高公司的口碑和品牌价值，需要第一时间了解公司品牌和产品在消费者心中的份量；然后清楚地把握产品的分化趋势，获取产品在市场上的满意度。企业要对现有商品的不足进行探讨，并制定产品优化方案；密切联系媒体，增进相互理解，保障公司信息发布渠道畅通。

3. 加强公司管理，提高内部积极性

正如一个人一样，内在往往比外在更为重要。即便宣传再有力，公司内部的事情做不好、没有品牌内涵，也不会被他人长期看好。

创业企业在公司管理中应努力做到以下几点：规范员工行为，着力提高队伍素质，坚守公司核心价值观；严格遵守国家法律法规、企业规章制度和工作要求，严以律己，敏于执行；加强员工工作能力培训，倡导不断学习的工作作风，提升员工工作水平；加强员工思想道德建设，心系社会，扶危济困，乐于奉献，注重团队合作精神；优化外部环境，关注员工对企业的反馈和建议，做好信息的收集与反馈，提高危机公关能力。

4. 走出更多宣传的道路

在传媒载体越来越多和信息爆炸的当今社会，如何吸引更多人的关注十分重要。企业需要使大家知道自己的产品情况，也要使大家了解企业产品的性能，这些都离不开企业平时的宣传。除广告、海报、视频等宣传方式外，这里主要介绍两个方法，这两个方法需要的成本较少，却能带来很好的成效。

一是合理利用互联网官方网站传递品牌。有些人认为大家往往不关注官方网站，不需要花太多精力把它做好，但在互联网高度发展的今天，一个公司的网页能直接传递给人们直观印象甚至是第一印象。企业产品的口碑其实就是企业形象的一个表现。企业的形象十分重要，有良好形象的企业的发展一般都很好。充分利用官方网站，不仅成本低，而且可以让人们更清晰地了解到更多产品。

二是与公益活动相结合。将品牌和公益联系在一起，能提高品牌在人们心目中的地位，使人们的第一印象更倾向于认为这个公司是一个有责任心的公司，反映了公司尊重人的价值、维护人的尊严与幸福的思想境界，使公司品牌具有浓郁魅力，更受人青睐。中国工商银行一直在公司品牌价值排行榜中位于前列。中国工商银行正是通过服务客户“走出去”，持续推进从本土化向国际化银行转变，使其品牌赢得了广泛的关注和认可。2016 年，中国工商银行还开展了一系列品牌推广活动，包括推进“e－ICBC”品牌建设，以及积极践行社会责任，为贫困大学生提供工作岗位等，帮助其进一步提升了品牌价值。公司系统各单位可以参与或组织员工集体参与各类公益活动，进行活动策划、注重活动效果，通过政府机构、新闻媒体进行广泛宣传，扩大活动影响。另外，还可以利用体育赛事、纪念活动、宣传周、突发事件以及资本市场重要活动等，向社会表达公司观点，增强公司品牌的社会亲和力，赢得良好口碑。

5. 增加企业信誉

大部分市场的运行都需要信誉，信誉对于创业融资更为重要。创业企业需要主动向银行汇报企业的经营情况，增加银行对企业的信任度。在申请贷款过程中也要遵守银行的贷款流程，积极配合银行开展各种调查，认真填写和报送企业财务报表；贷款到期主动按时履行还款或展期手续，以取得银行对创业企业的信任。

关键词

商业计划书　融资策略　融资时机　投资机构　品牌价值

本章小结

本章主要对创业融资的一些基本要素做了说明，重点对创业融资中商业计划书的制订和创业融资策略做了系统阐述。其中，不仅介绍了商业计划书的编写程序，还对需要注意的问题进行了重点讲解。同时，对企业创业融资来说，选择合适的风口及恰当的融资贷款时机、选择合适的投资机构，建设良好口碑及公司品牌价值是十分重要的策略，每一项策略都影响着融资的效率和质量。

思考题

1. 商业计划书的主要内容是什么？有哪些问题需要重点注意？

2. 有哪些因素会影响公司的融资策略？针对某一具体因素，简略阐述该情况下的融资策略。

第8章

创业融资的操作流程

8.1 项目展示

8.1.1 融资项目 PPT 的设计

融资项目 PPT 的设计一般包括以下步骤：

（1）与投资者进行沟通，了解投资者通过融资项目 PPT 要完成的功能，确定融资项目 PPT 的大致类型，并了解投资者对融资项目 PPT 的偏好和特殊要求。

（2）设计或寻找一套融资项目 PPT 模板，与投资者进行沟通，以确定模板。

（3）基于融资项目 PPT 模板制作每张 PPT，这个阶段需要对方有一个熟悉融资项目的人参与共同制作。

（4）针对设计好的融资项目 PPT 与投资者进行沟通，听取反馈、进行修改。

（5）定稿。经过几轮反馈后，整套项目融资 PPT 最终完成。

8.1.2 融资项目 PPT 的使用

融资项目 PPT 并不是万能的，再漂亮的 PPT，也是对演讲者的陪衬和辅助。如果演讲者对内容不熟悉、语言不流利，融资项目 PPT 再漂亮也无太大作用；相反，如果演讲者对内容非常熟悉、语言十分流利，即使融资项目 PPT 做得无聊，也能引起投资者的兴趣。但是，不可否认，优美、炫目、导航清晰的融资项目 PPT 一定会受到投资者的青睐。较为理想的一场融资项目演讲应该是，筹资者团队应该熟悉演讲内容，完全脱稿，演讲起来如数家珍，然后辅以优美、经过高度精练的PPT，这会让投资者沉浸其中，达到最佳的效果。

8.2 组织路演

8.2.1 路演的概念

路演（roadshow，包含但不限于证券领域）是指在公共场所进行演说，演示产品、推介理念，以及向他人推广自己的公司、团体、产品、想法的一种方式。路演最初是国际上广泛采用的证券发行推广方式，指证券发行商通过投资银行家或者证券承销商的帮助，在初级市场上发行证券前针对机构投资者进行的推介活动；是在投资、融资双方充分交流的条件下促进股票成功发行的重要推介和宣传手段，有助于促进投资者与股票发行人之间的沟通和交流，以保证股票的顺利发行，并有助于提高股票潜在的价值。

8.2.2 路演的形式

路演的主要形式为举行推介会。在推介会上，公司向投资者就公司的业绩、产品和发展方向等作详细介绍，充分阐述上市公司的投资价值，让准投资者们深入了解具体情况，并回答机构投资者关心的问题。随着网络技术的发展，这种传统的路演同时搬到了互联网上，出现了网上路演，即借助互联网的力量来推广。网上路演现已成为上市公司展示自我的重要平台和推广股票发行的重要方式。

8.2.3 路演的目的

路演的目的为促进投资者与股票发行人之间的沟通和交流，以保证股票的顺利发行。在海外股票市场，股票发行人和承销商要根据路演的情况来实现以下目的：

（1）查明策略投资者的需求情况，据此决定发行量、发行价和发行时机，保证重点销售。

（2）使策略投资者了解发行人的情况，做出价格判断；利用销售计划形成投资者之间的竞争，最大限度地提高价格评估。

（3）为发行人与策略投资者保持关系打下基础。

8.2.4　路演的市场环境分析

1. 路演企业内部环境分析

路演企业内部环境是决定路演企业财务战略的内因。脱离一定的企业内部环境，要做出一个良好的融资决策并加以实施是不可能的。对于路演企业融资而言，内部环境分析的主要目的是评估企业资源和战略价值，发现企业自身的长处和短处，分析成因以确定企业的竞争优势，挖掘企业的潜力。具体需要分析的内容包括：

（1）路演企业生产环境。路演企业生产环境是指由人力资源、物质资源、技术资源所构成的生产条件，包括生产能力、厂房设备、生产组织、劳动生产率和技术开发能力等。这些条件对企业生存与发展有着重要影响，决定着一个企业能否跟上时代的步伐，以最少的投入获得最大的效益。对于路演企业内部生产经营环境，我们可以用内部价值链分析法。企业价值链分析的任务就是要确定企业的价值链，明确价值活动之间的联系，提高企业创造价值的效率，增加企业降低成本的可能性，为企业取得成本优势和竞争优势提供条件。

（2）路演企业经营管理环境。路演企业经营管理环境是指路演企业的经营管理水平，包括物资采购、物资供应能力和产品销售能力等。经营管理水平的高低，取决于经营者、生产者与财务管理三方面的协调一致，取决于及时、正确的决策。一旦决策证明是正确的，就说明企业的经营管理水平较高，也说明三方协调一致，可以确保企业生产经营活动综合效益的实现。

（3）路演企业文化和经营理念。路演企业文化是指一个企业在长期的生产经营活动中形成的特定的价值观念、道德规范、文化体系、传统习惯及与此相联系的生产观念和经营哲学。企业文化是一种管理文化，更重要的是一种经济文化。良好的企业文化对于企业财务战略的决策和实施并取得预期效果是至关重要的。企业领导者的经营观念、作风是影响企业财务战略的重要因素。

（4）路演企业管理者的个人素质。路演企业管理者的个人素质，特别是路演融资决策人员的专业水准、职业判断以及对市场发展机会的把握等这些能力，对财务战略的决策和实施将发挥重要作用。内部控制和公司治理结构是进行融资的制度基础。没有内部控制，一切战略都只是纸上谈兵；公司治理结构可以协调各方权益，对财务决策有重大影响。

2. 路演企业外部环境分析

影响路演企业财务融资的外部环境涉及的范围很广，其中最为密切相关的主要有属于宏观层面的政治法律环境、经济环境、社会文化和自然环境、技术环境，也有属于微观层面的行业环境、市场环境和金融环境等。通过对整体环境的分析可以掌握宏观经济的走向，为企业总体战略和财务战略决策做指导。

（1）宏观环境分析。宏观环境包括政治法律环境、经济环境、社会文化和自然环境，以及技术环境等。其中，政治法律环境是指那些制约和影响企业的政治要素和法律系统及其运行状态。政治环境包括国家的政治制度、权力机构、颁布的方针政策、政治团体和政治形势等要素。法律环境包括国家颁布的法律、法规、法令以及国家执法机构等要素。安定的政治法律环境是企业资金均衡有效流动的重要保障。经济环境是指影响路演企业融资活动的客观经济条件和经济因素的多维动态系统，主要由经济体制、社会经济结构、经济周期、通货膨胀、宏观经济政策等五个要素组成。企业受经济因素的影响最大、最直接，因此，只有从不同侧面深入分析和认识经济环境，才能做出最佳的财务战略决策。社会文化环境是指企业所处的社会结构、社会风俗和习惯、信仰和价值观念、行为规范、生活方式、文化传统、人口规模等因素的形成和变动。自然环境是指企业所处的自然资源和生态环境，尽管是相对稳定的，但对企业在确定融资方向、产品改进和吸引资金流入等问题上是必须要考虑的影响因素。技术环境是指企业所处环境中的科技要素及与该要素直接相关的各种社会现象的集合。当今社会，技术进步是企业在产品市场上获胜的终极保证，技术对企业的生存与发展具有至关重要的战略意义。技术环境对企业的影响可能是创造性的，也可能是破坏性的。例如，近年来互联网的发展已经给许多企业创造了巨大的商业机会，使企业直接面对供应商和客户，不仅使企业获得了大量的信息，还降低了企业的交易成本，但对于中间商来说却丧失了部分优势，减小了其发展的空间。因此，企业必须要预见这种技术带来的变化，做出相应的战略部署。

（2）微观环境分析。微观环境对路演企业财务融资的决策和实施有直接的影响。微观环境具体包括行业环境、市场环境和金融环境三个方面。企业的经营状况受行业整体发展状况和企业在行业中的竞争地位的影响。行业环境分析的主要内容有：行业生命周期分析、行业规模结构分析、行业技术状况分析和行业内的竞争结构分析。行业生命周期分析对企业进行融资战略的决策和实施有重要意义。通过“五力分析”可以对行业结构进行分析，了解企业现有的竞争优势，确定企业的竞争地位。只有对其所在的行业性质有深入的了解，才能做好投资组合，避免过高的风险，提高整体盈利水平。市场规模的大小、市场的增长率以及产品的生命周期对财务融资的形成都有不同程度的影响。例如，市场规模的大小表明了一种产品从市场获得收入去补偿投入的成本的可能性。而较高的行业增长率意味着较好的前景和机会，行业增长率影响着企业的投资方向。金融环境是企业财务活动最直接的外部环境，金融机构的种类和数量、金融业务的范围和质量、金融市场的发展程度等对企业筹资、投资和经营活动都有着十分重要的影响。路演企业财务融资必须适应金融环境的变化和要求，促使企业资金均衡有效的流动。其中，资本市场无疑是最重要的影响因素。在市场经济中，资本市场与企业财务战略通过融资功能发生千丝万缕的关系，因此，资本市场对于企业财务融资有着直接、重大的影响。

8.2.5 路演的运作与管理

路演有高校提供路演平台、举办案例大赛、传统地面路演和网上路演等模式。

1. 高校提供路演平台

高校提供路演平台一般是指由高校的创业学院设计网站，为高校学生提供路演平台。

2. 举办案例大赛

举办案例大赛是指政府、高校和企业可以通过举办案例大赛，为学生创业提供融资渠道，对于优秀可行的案例项目可以为其提供资金支持。

3. 传统地面路演

发行人要在全国各地巡回路演，通过实地宣传单页、铺货和陈列等手段，使大多数投资者了解自己。在美国、中国香港等境外证券市场，股票发行人一天要安排很多场推介会。在传统的地面路演推介会中，证券发行商会发放大量纸质材料，发行人和承销商要根据巡回路演后的结果来决定发行价和发行规模。

4. 网上路演

网上路演是指证券运行网站充分吸取传统路演的沟通特性，借助强大的互联网技术，以实时、开放、交互、平等的网络功能优势，为股票发行及交易双方建立一个方便、安全、双方信息交流平台。网上路演吸取了传统路演的新股推介、信息沟通方面的服务功能，借助互联网优势，将传统的往返于各地的股票巡回推介活动，以多、快、好、省的网络形式实现对“网络 + 路演”概念的功能拓展。作为一个全新的互联网时代理念，网上路演不仅为上市公司的 IPO 前期宣传进行服务，而且还可以对公司的整个发展历程进行全面及时的跟踪展示，为上市公司的业绩、产品推介、企业形象宣传及增配股、回购及其他重大事件的跨空间信息发布，以及为投资人关注的热点问题答疑解惑，提供了一种新颖、高效的交流方式，使更多的投资者能够与发行人进行直接互动交流。

对中国证券市场广大的个人投资者来说，网上路演在信息传递上无疑有着重要的作用。

5. 网上路演模式

网上路演一般采用“新股推介 + 企业形象宣传 + 专题研讨 + 品牌广告 + 现场直播 + 市场调查”的模式。网上路演的表现形式主要有以下三种：

（1）在线交流：以文字形式创造平等、快捷、准确的交流机会。

（2）视频直播：对网上路演的全过程进行现场直播，实现声画同步传送效果。

（3）现场报道：借鉴新闻报道的纪实手法，发布股票发行现场图片新闻，反映现场环境和交流进展情况，增进网上受众参与在线交流的真实感和现场意识。

8.3 如何与投资人沟通

创业者如何与投资人打交道才不失风度，又效率最佳？正如抱团创投 CEO 李欣形容的，投资人与创业者就好比，“我现在做饭，我这锅水煮沸了，我的盐已经丢进去了，我的料已经丢进去了，投资人你再给我两只大虾、一只螃蟹，我们这锅汤就成了。要让投资人站到你的这一面，而不是对立面，让你的投资人成为你的合伙人，而不是对手”①。

1. 给投资人要的“故事”

创业者要通过一个方法有效地传达内容，学会与投资人形成共鸣。在沟通中，要将项目的整体结构阐述清楚，通过各种横向、纵向对比，以及推理、证明去阐述创业项目的细节，然后推动投资人做出决策行动。假设创业者跟投资人沟通一个小时，有一个小时讲故事。那么，创业者应该在 15 秒钟之内用概括性的语言说清楚该创业项目的核心，定好创业项目的基调，最后花 5 分钟构建全图。创业者应该能够很快地涵盖痛点、市场、模式、竞争、团队和格局等；然后用大篇幅回答投资人的问题；最后给出一个结尾，让投资人参与到项目里来。

2. 谈话技巧

大多数投资人都喜欢直来直往与诚恳、诚实的沟通方式。创业者要学会有问题说问题，不要试图掩盖问题；再者，要学会主导沟通，投资人作为一个合伙人，是希望创业者来立整个项目，创业者要能够主导跟投资人的沟通，以证明创业者有充分的信心和能力来立这个项目。

---

① 《抱团创投 CEO 李欣：创业是体验，是过程，而不是结果》，https：//www. cyzone. cn/artide/131114. html。

3. 展现热爱

每个投资人都希望创业者能把他未来职业生涯的大部分贡献在创业这件事情上。因此，在沟通中，创业者要展现对于行业的理解，特别是对于行业中细节的理解，用来证明自己的“热衷”。

4. 避免使用描述性语言和善于利用数据

创业者在与投资人沟通时，应该更多地涉及实质性的内容，要善于利用和使用数据，包括潜在用户数和目标市场规模、开发计划、推广花销和融资额度、竞争对手情况等。

8.4 签订合同

1. 合同含义

合同的订立是合同双方动态行为和静态协议的统一，既包括各合同订立方在达成协议之前接触和洽谈的整个动态的过程，如要约邀请、要约、反要约等，包括先合同义务和缔约过失责任；也包括双方达成合意、确定合同的主要条款之后所形成的协议，如承诺、合同成立和合同条款等。合同订立指的是两方以上当事人通过协商而于互相之间建立合同关系的行为。

2. 合同内容

合同的订立又称缔约，是当事人为设立、变更、终止财产权利义务关系而进行协商、达成协议的过程。《中华人民共和国合同法》（以下简称《合同法》）第二条中规定：“本法所称合同是平等主体的自然人、法人、其他组织之间设立、变更、终止民事权利义务关系的协议。”既然合同为一种协议，就须由当事人各方的意思表示一致即合同订立才能成立。当事人为达成协议，相互为意思表示进行协商到达成合意的过程也就是合同的订立过程。《合同法》第十三条规定：“当事人订立合同，采取要约、承诺方式。”依此规定，合同的订立包括要约和承诺两个阶段，当事人为要约和承诺的意思表示均为合同订立的程序。现行《合同法》在合同订立上的一个重大变化是，将要约和承诺这两个重要步骤用法条规定为订立合同的基本方式。根据现行《合同法》的规定，要约是指一方当事人以缔结合同为目的，向对方当事人提出合同条件，希望对方当事人接受的意思表示。发出要约的一方称要约人，接受要约的一方称受要约人。承诺是指受要约人同意接受要约的全部条件而缔结合同的意思表示。这一变化的意义在于：把习惯性程序变为法定程序，界定了合同订立中的一些基本界限，增加了先合同义务和责任的规定。

3. 合同订立原则

融资者与投资人订立合同时，双方都应遵循一定的原则，只有这样，合同的订立才有意义。一般而言，融资者与投资人双方需要遵循以下原则：

（1）守法的原则；

（2）自愿的原则；

（3）公平的原则；

（4）诚实信用的原则。

4. 合同订立方式

合同订立方式有要约和承诺，融资者与投资人在订立合同时可以选择要约和承诺两种方式。

（1）要约。要约是希望和他人订立合同的意思表示。

（2）承诺。承诺是受要约人同意要约的意思表示。

承诺通知到达要约人时生效。承诺可以撤回。撤回承诺的通知应当在承诺通知到达要约人之前或者与承诺通知同时到达要约人。

受要约人对要约的内容做出实质性变更的，为新要约。承诺对要约的内容做出非实质性变更的，除要约人及时表示反对或者要约表明承诺不得对要约的内容做出任何变更的以外，该承诺有效，合同的内容以承诺的内容为准。

5. 合同订立过程

合同订立过程如下：

（1）须有双方或多方当事人。合同为各方达成的协议，属于双方或多方的法律行为，因此，订立合同须由至少两方当事人参与，仅一方当事人不存在订立合同问题。为此，融资方和投资方都需要参与。订约当事人是否为双方或多方，决定于参与订约的人是否为相互独立的意思主体。在一般情形下，订约当事人各方的经济目的是相反的，但在某些情形下，订约当事人各方也可有相同的经济目的，但须能为相互独立的意思表示。

（2）须有当事人之间意思表示的互动。合同订立是由独立的主体相互接触，互为意思表示，直到达成协议的过程。因此，合同的订立须有当事人互为意思表示，从要约、再要约直到承诺。

（3）须为特定当事人之间为缔约而为意思表示。合同订立只能是在特定的人或者特定范围内的人之间进行，并且当事人须以缔约为目的进行接触，当事人之间相互所为的意思表示是为订约发出的。若不特定的人之间或者虽为特定人之间相互接触，进行协商，但并不以订约为目的，则不属于合同订立问题。

8.5 融资风险控制管理

为避免项目融资给企业带来损失和经济纠纷，资金管理中心在融资过程中应该对项目融资风险识别、分析应用做出积极反应和风险防范措施，通过主动地、系统地对项目风险进行全过程的识别、评估及监控，从而达到降低风险、减少风险损失的目的。项目风险管理的主体是项目领导班子，特别是项目直接跟踪人，项目风险管理的基础是调查研究，项目风险管理的重点是风险识别、评价和监督。为此，要采取以下七个步骤：明确融资目标；融资风险识别；风险评估；风险评价；设计、评价、决策风险应对方案；实施风险控制方案；审核。具体要规避的风险有以下五种。

1. 信用风险

信用风险又称违约风险，是指借款人、证券发行人或交易对方因种种原因不愿或无力履行合同条件而构成违约，致使银行、投资人或交易对方遭受损失的可能性。项目参与方是否能够按照合同文件履行各自的职责及其承担的对项目的信用保证责任，在项目融资过程中，要对投资方进行全面的信用评估。

2. 市场风险

市场风险是指在证券市场中因股市价格、利率、汇率等的变动而导致价值未预料到的潜在损失的风险。市场风险包括权益风险、汇率风险、利率风险和商品风险。利率风险是寿险公司的主要风险，包含资产负债不匹配风险。在融资的过程中，要考虑产品价格风险、市场利率风险、同行的竞争风险和市场需求风险。

3. 金融风险

企业在融资后，把融资的资金投入项目中，但是项目收益具有不确定性，对创业企业来说，预测融资项目未来收益也是工作重点之一。

4. 政策风险

政策风险是指政府有关证券市场的政策发生重大变化或是有重要的举措、法规出台，引起证券市场的波动，从而给投资者带来的风险。在市场经济条件下，由于受价值规律和竞争机制的影响，各企业争夺市场资源，都希望获得更大的活动自由，因而可能会触犯国家的有关政策，而国家政策对企业的行为具有强制约束力。另外，国家在不同时期可以根据宏观环境的变化而改变政策，这必然会影响到企业的经济利益。因此，国家与企业之间由于政策的存在和调整，在经济利益上会产生矛盾，从而产生政策风险。为此，创业企业要时刻关注政策的变化，及时调整策略，从而规避政策风险。

5. 法律风险

企业法律风险是指在法律实施过程中，由于企业外部的法律环境发生变化，或由于包括企业自身在内的各种主体未按照法律规定或合同约定行使权利、履行义务，而对企业造成负面法律后果的可能性。对于融资企业，法律条款的变动会给项目带来风险，融资合同必须由熟悉项目运作的律师实时把握。

关键词

创业融资　　项目展示　　路演　　沟通　　合同　　风险

本章小结

本章主要对创业融资流程项目展示进行了介绍。先后依次介绍了融资企业如何进行PPT设计和展示；介绍了路演的含义、形式、目标及运作与管理；在介绍路演的基础上介绍了如何与投资人有效沟通；介绍了融资方如何与投资人签订合同；介绍了融资风险控制管理。

思考题

1. 如何进行项目展示?
2. 怎样组织路演?
3. 如何防范融资风险?

第9章

创业融资团队的构成以及建设和运作

9.1 创业融资团队的构成

现代企业需要的是少走从前的弯路，而从一开始就走规范化管理道路，因此，创业者在注册公司时就应该组建创业团队。一个好的创业团队对企业的成功起着举足轻重的作用。新型风险企业的发展潜力（包括打破创始人的自有资源限制，从私人投资者和风险资本支持者手中吸引资本的能力）与企业管理团队的素质之间有着十分紧密的联系。一个喜欢独立奋斗的创业者固然可以谋生，一个团队的营造者却能够创建出一个组织或一个公司，而且是一个能够创造重要价值并有收益选择权的公司。创业团队的凝聚力、合作精神和立足长远目标的敬业精神会帮助新创企业渡过危难时刻，加快成长步伐。另外，团队成员之间的互补、协调以及与创业者之间的补充和平衡，对企业起到了降低管理风险和提高管理水平的作用。

不同的学者从不同的角度界定了团队的定义。路易士（Lewis，1993）认为，团队是由一群认同并致力于共同目标的人所组成，这群人相处愉快并乐于一起工作，共同为达成高品质的结果而努力。在这个定义中，路易士强调了三个重点：共同目标、工作相处愉快和高品质的结果。盖兹贝克和史密斯（Katezenbach and Smith，1993）认为，一个团队是由少数“技能互补”的人所组成，他们认同一个共同目标和一个能使他们彼此担负责任的程序。盖兹贝克和史密斯也提到了共同目标，并提到了成员“技能互补”和分担责任的观点，同时还指出团队是个少数人的集合，保证相互交流的障碍较少，比较容易达成一致，也比较容易形成凝聚力、忠诚感和相互信赖感。但是，团队必定是以达到一个既定结果为最终目标，共同的目标是团队区别于群体的重要特征。因此，团队可以定义为是由少数技能互补的人组成，他们认同于一个共同目标和一个能使他们彼此担负责任的程序，并相处愉快，乐于一起工作，共同为达成高品质的结果而努力。团队就是合理利用每一个成员的知识和技能协同工作、解决问题，达到共同的目标的共同体。而创业团队是由少数技能互补的创业者组成，他们为了实现共同的创业目标和一个能使他们彼此担负责任的程序，共同为达成高品质的结果而努力的共同体。因此，创业融资团队需具备五个重要的团队组成要素，称为5P。

（1）创业目标（purpose）。创业团队要有一个明确的目标，目标引导团队成员的思想和行为。没有目标，团队就没有存在的价值。

（2）创业人员（people）。人是构成创业团队最核心的力量，三个或者三个以上的人就可以构成团队。目标是通过人员具体实现的，所以人员的选择是创业团队中非常重要的一个部分，在一个团队中可能需要有人出主意，有人定计划，有人实施，有人组织协调，还有人监督团队工作的进展、评价团队最终的贡献，不同的人通过分工来共同完成团队的目标，因此，在人员选择方面要考虑人员的知识、能力和经验如何，以及技能是否互补。

（3）创业团队的定位（place）。创业团队的定位包含两层意思：一是创业团队的定位，确定团队在企业中处于什么位置、由谁选择和决定团队的成员、团队最终应对谁负责等；二是个体的定位，对团队成员进行明确分工，确定各自承担的责任。

（4）权限（power）。在创业团队中，权限一是指团队领导人的权力。团队领导人的权力大小与创业团队的发展阶段相关。一般来说，在创业团队发展的初期，领导权相对比较集中，团队越成熟，领导者拥有的权利相应越小。二是指团队权力。要确定整个团队在组织中拥有哪些决定权，如财务决定权、人事决定权等。

（5）创业计划（plan）。计划是对达到目标所做出的安排，是未来行动的方案，可以把计划理解成目标实施的具体工作程序。计划只有在认真一步一步的落实下，才会贴近目标并最终实现目标。

9.2 创业融资团队的建设和运作

9.2.1 创业融资团队的建设

【案例导读】

正在外地出差的MBT通信公司CEO吴则平，按惯例查收公司总部发过来的电子邮件时，简直不敢相信自己的眼睛：营运总监李剑锋发过来的一封电子邮件的标题赫然写着“申请辞职”！过了好一会儿，吴则平才缓过神来，打开邮件认真看了一遍。辞职信中李剑锋向CEO表示了深切的歉意，坦言在MBT工作多年，倍感身心疲惫，现在只想离职休息一段时间，请CEO予以谅解。作为MBT公司的元老，他本人愿意在离职后继续关心公司的发展，如果公司需要，随时可以和他本人联系就有关业务问题进行商讨。辞职信写得很委婉、得体，让人读后有一种不忍拒绝的感觉。①

作为现代管理学中普遍研究的领域，创业融资团队组建的主要目的是对团队的利益最大化做出各项努力。在创业融资团队建设的过程中，成员之间的信任及坦诚非常重要。目前企业发展过程中对于核心团队的建设越来越重视，进行创业融资团队建设的方法也得到很多人认同，经过不断的努力后，学者们认为创业融资团队建设在不同的发展阶段应采取不同的措施，包括优化团队结构、实施激励政策、建立企业文化等多方面的团队建设方案，在不同时期具体内容应有所不同。

国外早在20世纪80年代初期就对此问题进行了部分研究，大部分学者认为创业建立在创业家单一活动的基础之上，而且创业家之间并没有共通点，相对而言创业融资团队更为重要。到80年代末，在创业融资团队的研究上，国外学者认为创业融资团队的发展受高级管理团队现有管理策略的影响较深，所以，如何制定适合团队发展的策略是决定创业融资团队能否生存并成长的关键。

相对于国外而言，国内在此方面研究相对较少，较有代表性的是郑冉冉（2005）对创业融资团队问题的研究，其研究核心如图9－1所示。

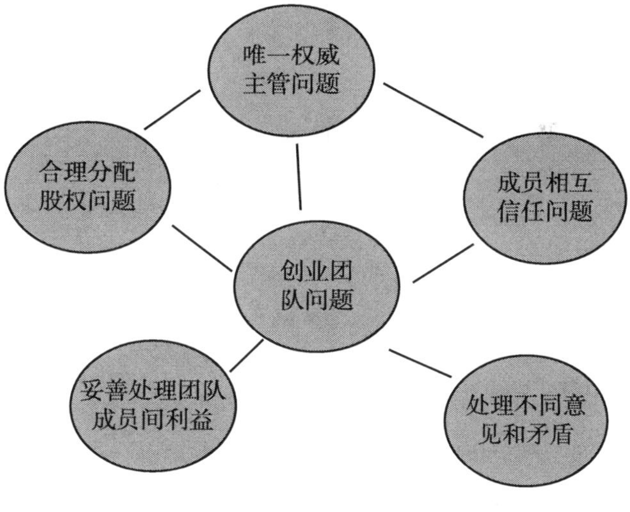

图9－1 创业融资团队问题的研究核心

资料来源：郑冉冉，《成功创业研究》，上海三联书店2005年版。

从图9－1可以看出，创业融资团队的建设主要集中在以下五个方面：

① 俞敏洪，《破解组建核心创业团队之道》，载于《中国企业家》2011年第11期。

（1）唯一权威主管问题。创业融资团队建设过程中必须由权威主管统筹管理，而且创业融资团队要具备一定的实力，强势的领导人是必要的。同时，在创业融资过程中，团队创始人作为唯一权威主管，其地位、素质和能力都应该是较强的，并担负保证创业团队整体水平不断提升的任务。

（2）成员间信任问题。创业融资团队建设过程中，成员间的相互信任也是团队建设的基础，实际上，由于每个人都有自私的天性，所以盲目信任队友是不可取的，要建立相互之间的信任，应通过时间和事件的磨合才能最终达成目的。

（3）处理不同意见和矛盾问题。在同一个团队中，出现不同意见和矛盾是非常常见的，尤其是创业融资团队成立初期，成员间往往因为个性不同、立场不同、文化层次不同等因素而产生意见分歧，所以要善于总结和倾听，创业融资者在组建团队的过程中应充分发挥自身的沟通协调及领导能力，从而化解团队矛盾。

（4）合理分配股权的问题。如何更合理地对公司股权进行分配也是影响创业融资团队能否正常运营的关键性问题，实际上，由于创业融资团队中每个成员对企业的贡献度及能力等有所不同，平均分配股权在团体建设后期已经不再适应团队的发展。此外，将企业股权掌握在少数人的手中，其他成员的工作积极性也将大受打击，因此，在企业运作的过程中，通过合理的股权分配方式将相应的股权掌握在创业融资团队成员中也是十分重要的。

（5）妥善处理团队成员间的利益。除了股权问题，如何处理成员间的利益问题也是创业融资团队必须面对的问题之一。由于每个核心成员所注重的利益点不同，所以必须妥善处理不同成员的不同需求，尽量达成一致，解决好利益纷争问题，保持团队稳定性。

9.2.2 创业融资团队的运作

【案例导读】

深圳JK公司是中国最早进入液晶大屏幕拼接的厂商之一，该公司拥有大批多年从事大屏拼接的资深技术员和业务人员，提供专业的施工、售后服务。公司发展一段时间后，为了提升自己的实力，吸纳各方面的人才，参与到更高一级的市场竞争中，创始人经公司股东会议决定，拿出公司的部分股份作为股权激励，并吸纳了几位专家型的人才加入。JK公司绩效考核具体分成情况如表9－1所示。

表 9－1　JK 公司绩效考核具体分成情况

年度考核分类	目标	目标奖金	负责部门
利润达成率	100%	1 个月奖金	财务部
工时损失率	<6	0.5 个月奖金	行政部
外部损失率	<0.2	0.5 个月奖金	工程部
产品报废率	<1.65%	0.5 个月奖金	工程部
准时交货率	100%	0.5 个月奖金	工程部

资料来源：温思卫，《深圳 JK 公司创业团队建设研究》，广西师范大学硕士学位论文，2016 年。

通过案例可以看出，由于指标不一致，且 JK 公司核心成员分属不同的部门，各个部门的业绩考核标准不同，造成各个部门所面临的压力和目标要求不平衡。有的管理部门完成业绩考核很轻松；而设计和安置部门因为直接面对市场，指标完成压力大，导致有些部门士气不高，核心部门出现问题。

任何创业团队想要融资和发展，创业融资团队建设是必不可少的。任何创业融资团队的组建都是一个相对复杂的过程，概括来讲，创业融资团队组建程序如图 9－2 所示。

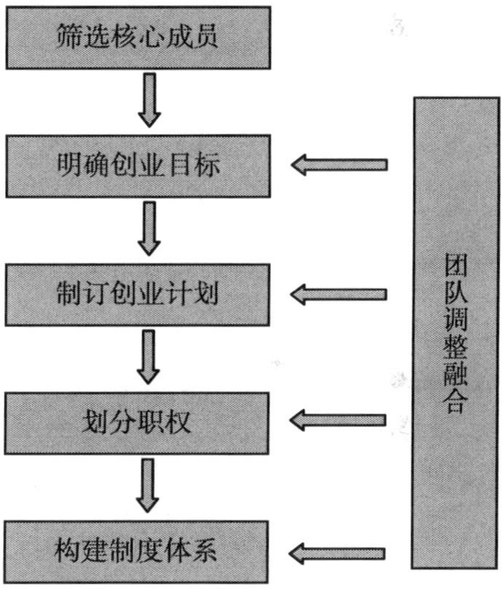

图 9－2　创业融资团队组建程序

具体而言，创业融资团队组建的主要工作分六大步骤：

第一步，筛选核心成员。在企业成立之初，必须要有一些志同道合、有创业意愿的人才作为核心成员发起创业，创建初步团队模式，在自己熟悉的圈子和共同擅长的领域进行筛选，挑选优势互补和志向相同的人参与到创业融资团队中来。

第二步，明确创业目标。在组建创业融资团队的过程中，核心团队成员应具备共同的创业目标，一方面可以明确自身的创业思路；另一方面也可以从中找到新的创业机会，吸引更多的人加入到创业融资团队中来，辅助核心成员完成创业目标。

第三步，制订创业计划。有目标是好事，但如果没有计划，那么成功的概率将大大降低，这对于刚成立的创业团队无疑是极大的打击。围绕创业目标，应该根据市场调查数据及各核心成员掌握的资源情况制订相应的总体创业计划，再分阶段细化，责任到人，最终达到落实总体计划的目的，培养团队协作能力。

第四步，划分职权。各司其职、权责相当是一个创业融资团队保持高效运转的关键，企业整体运作、生产管理、行政人事等各个部门实现条块管理，既有分工又有合作，有条不紊的管理是创业融资团队有效工作的基础，有利于团队携手共进，实现创业目标。

第五步，构建制度体系。完善的制度体系是保持创业融资团队有效实施管理的关键。

第六步，团队调整融合。在前五步有效实施的基础上，团队进入调整阶段，由于成员间背景、性格、需求及做事方式不同，因此存在一定的矛盾和利益冲突，需要进行有效的沟通和磨合进而化解矛盾、减少分歧，最终使团队成员和谐共处，共同达到创业融资目标。

此外，随着创业的发展和团队的运作，原先组建时的考虑不周之处、不合理的安排也会逐渐暴露出来，因此，团队的调整融合势在必行，并且需要一个过程。通过团队文化的建设，大力提倡团队意识、团队精神，造就和谐的团队氛围，能够大大促进团队调整融合的顺利进行并取得更好的效果。

创业融资团队建设的优化对策主要包括：

（1）增强创业融资团队凝聚力。在培养凝聚精神时，要让每一个创业融资团队的成员都感受到自己是公司不可缺少的一员，这种感觉就是凝聚力。有了凝聚力，一个团队发展才能步调一致，凝聚力的作用才会得到有效的发挥，而要实现这一点，创业融资团队的主要负责人和团队成员要逐渐形成自身的行为风格与准则，任何人都不能违反，只有这样，团队的凝聚力才会牢不可破，当团队成员真正把自己看成团队不可缺少的一员时，每个人都会为自身及他人的发展付出，因为这将使团队和个人都受益。在企业中长期发展战略制定过程中，需多方征求核心团队意见，将核心团队个人的发展规划与团队的融资规划结合起来，使团队目标完整统一。

（2）加强团队文化管理，减少团队成员目标冲突。团队文化可以促使创业融资团队成员之间相互适应，建立优秀的企业文化，有助于企业快速形成团队文化，还能促进创业融资团队的高效建设。要建立优秀的企业文化，就必须发挥每个创业融资团队成员的主动性和创造性，培养每个成员对企业的归属感，让创业融资团队成员真正感受到只有团队融资发展，个人才能获得成功。

（3）完善内部沟通机制，提高团队协作能力。内部沟通机制的完善对企业内部沟通效率的提高有着十分重要的作用。团队内部沟通机制的完善有利于团队成员相互之间的信息流通，提高工作效率。

（4）建立完善的绩效考核与评估体系。建立有效的绩效管理沟通和绩效反馈机制是实现绩效考核目标、建立高绩效团队的基础，也是提高绩效效率的关键。绩效考核一般分为以下三种：

一是绩效工资。绩效工资为标准工资和绩效工资系数的乘积再乘以20%。其中，标准工资根据员工的能力进行设定，考核的标准是成员的学历、工作经验、技术水平、在公司的职务以及服务年限。团队多数成员在公司工作有一定年限，对公司的发展做出过重大贡献，其标准薪资在公司成立之初就已确定。对于新入职的员工，其标准薪资并不是固定的，会根据岗位变化进行调整。绩效工资的确定主要由业务部门领导负责，目的在于激励团队成员积极投入工作，实现公司价值与个人价值的双重提升。

二是项目奖金。项目奖金由项目负责人进行审核，创业融资公司授权给项目负责人审核项目奖金，不需通过其他部门，由财务部门直接发放。这项制度设计有利于增强项目负责人对公司的责任心。同时，项目负责人直接审核项目奖金，可大大减少中间环节与外力干扰，提高工作效率，提升项目成员工作积极性。

三是项目进度奖。当项目进行到一定阶段并对全局产生一定的积极影响时，创业融资公司可授权项目经理审核一定数量的项目进度奖，用于奖励项目成员当前所取得的成效，制度考量相同。

关键词

创业融资团队　创业目标　创业人员　团队精神　团队建设　职权划分　绩效管理　凝聚力

本章小结

本章重点介绍了创业融资团队的构成以及创业融资团队的建设和运作。无论是哪种类型的创业融资团队，都应具备明确的目标、良好的沟通、团队成员间的信任。一个完整的创业融资团队需要有创业目标、创业人员、创业团队的定位、权限和创业计划这五个要素。创业融资团队的构建又分为六个步骤：筛选核心成员、明确创业目标、制订创业计划、划分职权、构建制度体系、团队调整融合。创业融资团队可通过增强创业融资团队凝聚力、加强团队文化管理，减少团队成员目标冲突、完善内部沟通机制、提高团队协作能力，建立完善的绩效考核与评估体系，优化团队运作方式。

思考题

1. 创业融资团队构建的步骤是什么？
2. 创业融资团队优化的对策有哪些？
3. 创业融资团队的核心成员离职怎么解决？

第10章

创业融资的主要形式

10.1 创业融资轮次及其阶段划分

创业融资的融资阶段，即按照企业生命周期将企业融资需求划分为种子期、初创期、成长期、成熟期、扩张期和退出期。创业融资的轮次顺序即对初创企业获得融资支持发展阶段的划分，融资的轮次顺序一般为种子投资→A（1轮）融资→B（2轮）融资→C（3轮）融资等。这里的A、B、C指创业公司过了种子期，从发展早期开始的第一次、第二次、第三次融资。此外，可能还会有D、E、F、G轮，但可能有极少数优质公司A轮就能上市。

从投资人角度出发，主要依照风险层次、市场份额、收入增长、业务模式和发展前景等维度，将创业企业上市前的融资模式划分为天使投资、风险投资和私募投资，但学术界对其并无严格的定义，因此，其涵盖的范围有部分交叉与重合（见图10－1）。

天使投资（AI）所投的是一些非常早期的项目，公司有了产品初步的模样（原型）及商业模式，积累了一些核心用户（天使用户）。但也有些项目甚至没有一个完整的产品和商业计划，或者仅仅只有一个概念，投资量级一般为100万～1000万元。天使投资一般在A轮后退出，主要涵盖企业的种子期和初创期，天使投资人通常是3F（family、friend、fool），即家人、朋友、傻瓜。

风险投资（VC）所投的通常是一些中早期项目，经营模式相对成熟，一般有用户

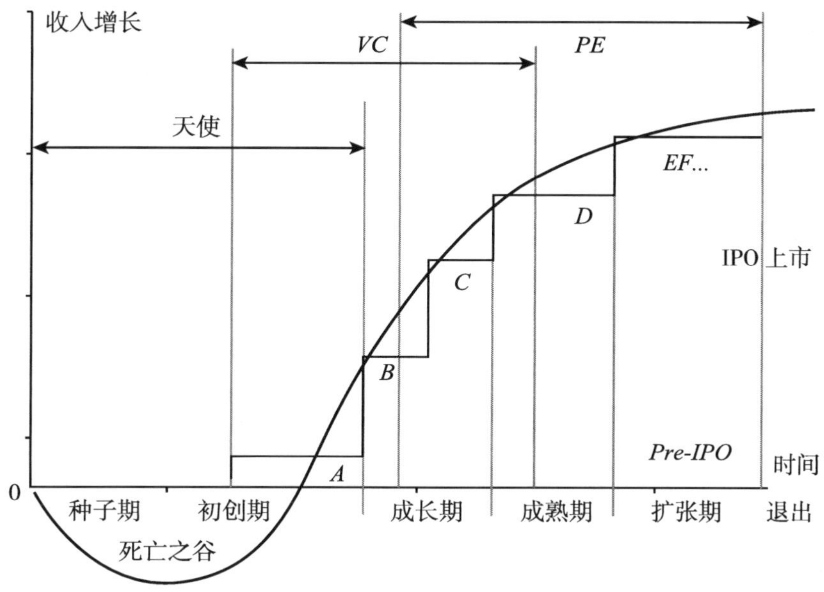

图 10－1　非上市企业股权融资轮次阶段

资料来源：搜狐财经金融视角，http：//m. sohu. com/a/229689936－100023814/?pvid＝000115_3w_a。

数据支持，获得了市场的认可，且盈利能力强，在获得资金后进一步开拓市场可以继续爆发式增长。投资节点一般在死亡之谷（valley of death）的谷底。VC 可以帮助创业公司迅速提升价值，获得资本市场的认可，为后续融资奠定基础。

私募基金（PE）所投的通常是一些 Pre－IPO 阶段的公司，公司已经有了上市的基础，PE 进入之后，通常会帮助公司梳理治理结构、盈利模式、募集项目，以使其能至少在 1～3 年内上市。

按照企业融资轮次与发展阶段的关系可做如下划分：

（1）A 轮融资。公司产品有了成熟模板，开始正常运作一段时间并有完整详细的商业及盈利模式，在行业内拥有一定地位和口碑。公司可能依旧处于亏损状态。资金来源一般是专业的风险投资机构。投资量级一般在 1000 万元到 1 亿元。

（2）B 轮融资。公司经过 A 轮融资后，获得较大发展。一些公司已经开始盈利。商业模式、盈利模式没有重大风险，但可能需要推出新业务、拓展新领域。资金来源大多是上一轮的风险投资机构跟投、新的风险投资机构加入、私募股权投资机构加入，投资量级在 2 亿元以上。

（3）C 轮融资。公司非常成熟，已经开始盈利，并且在行业占据前三位的市场份额。这轮融资除了拓展新业务，也有补全商业闭环、准备上市的意图。资金来源主要是 PE，有些之前的 VC 也会选择跟投，投资量级一般在 10 亿元，一般 C 轮融资后就是上市了，也有公司选择融 D 轮，但不是很多。

（4）D、E、F 轮融资。与 C 轮融资并没有本质区别，但是其融资渠道比 C 轮更加广泛，银行、信托、互联网等资金都会加入进来。

10.2 创业融资的资本结构理论

资本结构是指企业各种长期资本来源的构成及其比例关系，通常情况下，企业的资本由长期债务成本和权益成本构成，资本结构指的就是长期债务成本和权益成本的相对比例。一般来说，在资本结构概念中不包含短期负债，因为其筹资需要量不断变化很不稳定。

10.2.1 最优资本结构理论

作为现代最为流行的资本结构理论之一，最优资本结构理论认为企业存在一个静态最优资本结构，主要以莫迪利亚尼和米勒（Modigliani and Miller）的理论（以下简称“MM”理论）为主要代表，后续又在放松了一系列无摩擦环境的严格假设后对 MM 理论进行了修正，主要包括无税 MM 理论和有税 MM 理论。

1. MM 理论的假设前提

（1）经营风险可以用息前税前利润的方差来衡量，具有相同经营风险的公司称为风险同类（homogeneous risk class）。

（2）投资人等市场参与者对公司未来的收益与风险的预期是相同的（homogeneous expectations）。

（3）完善的资本市场（perfect capital markets），即在股票与债券进行交易的市场中没有交易成本，且个人与机构投资者的借款利率与公司相同。

（4）借债无风险，即公司或个人投资者的所有债务利率均为无风险利率，与债务数量无关。

（5）全部现金流是永续的，即公司息前税前利润具有永续的零增长特征，债券也是永续的。

2. 无企业所得税条件下的 MM 理论

无企业所得税条件下的 MM 理论如表 10－1 和图 10－2 所示。

表 10－1　　无企业所得税条件下的 MM 理论结论

命题Ⅰ	基本观点	企业的资本结构与企业价值无关，企业加权平均资本成本与其资本结构无关
	表达式	$V_L = EBIT/r^0_{WACC} = V_U = EBIT/r^U_s$ 其中，V_L 表示有负债企业价值；V_U 表示无负债企业价值；$EBIT$ 表示企业全部资产的预期收益率；r^0_{WACC}有负债企业的加权资本成本；r^U_s 表示既定风险等级的无负债企业的权益成本
	相关结论	（1）有负债企业的价值 V_L = 无负债企业的价值 V_U （2）有负债企业的加权平均资本成本 = 经营风险等级相同的无负债企业的权益资本成本，即 $r^0_{WACC} = r^U_s$
命题Ⅱ	基本观点	有负债企业的权益资本成本随着财务杠杆的提高而增加
	表达式	$r^L_s = r^U_s$ + 风险溢价 $= r^U_s + D/E\ (r^U_s - r_d)$ 其中，r^L_s 表示负债企业的权益资本成本；r^U_s 表示无负债企业的权益资本成本；D 表示有负债企业的债务市场价值；E 表示其权益市场价值；r_d 表示税前债务资本成本
	相关结论	（1）有负债企业的权益资本成本 = 无负债企业的权益资本成本 + 风险溢价 （2）风险溢价与以市值计算的财务杠杆（债务/权益）成正比例

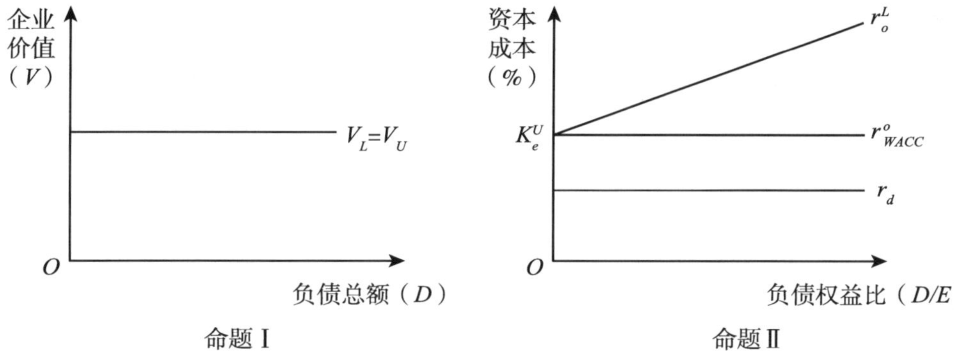

图 10－2　无企业所得税条件下的 MM 理论结论

资料来源：中国注册会计师协会，《财务成本管理》，中国财政经济出版社 2017 年版，第 213 页。

3. 有企业所得税条件下的 MM 理论

有企业所得税条件下的 MM 理论如表 10－2 和图 10－3 所示。

表 10－2　　有企业所得税条件下的 MM 理论结论

命题Ⅰ	基本观点	随着企业负债比例提高，企业价值也随之提高，在理论上全部融资来源于负债时，企业价值达到最大
	表达式	$V_L = V_U + T \times D$ 其中，V_L 表示有负债企业的价值；V_U 表示无负债企业的价值；T 为企业的所得税税率；D 表示企业的债务数量。债务利息的抵税价值又称为杠杆收益，是企业为支付债务利息从实现的所得税抵扣中获得的所得税支出的节省，等于抵税永续现金流的现值，即债务金额与所得税税率的乘积（将债务利息率作为贴现率）
	相关结论	有负债企业的价值 V_L = 具有相同风险等级的无负债企业的价值 V_U + 债务利息抵税收益的现值
命题Ⅱ	基本观点	有负债企业的权益资本成本随着财务杠杆的提高而增加
	表达式	$r_s^L = r_s^U$ + 风险报酬 $= r_s^U + (r_s^U - r_d)(1-T)D/E$
	相关结论	（1）有债务企业的权益资本成本 = 相同风险等级的无负债企业的权益资本成本 + 以市值计算的债务与权益比例成比例的风险报酬 （2）风险报酬取决于企业的债务比例以及所得税税率

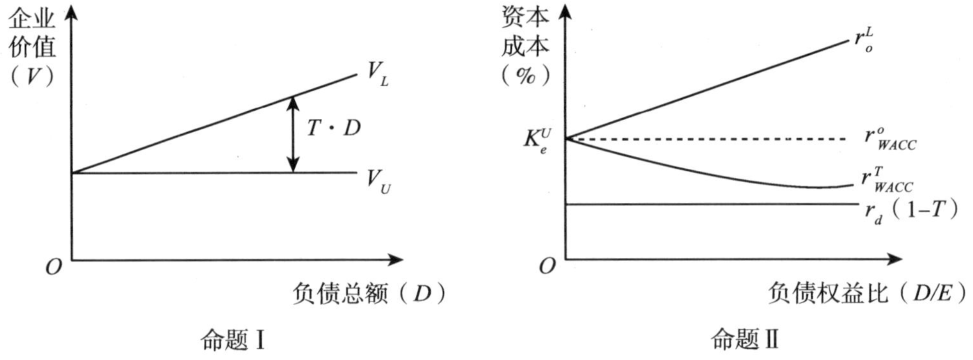

图 10－3　有企业所得税条件下的 MM 理论结论

资料来源：中国注册会计师协会，《财务成本管理》，中国财政经济出版社 2017 年版，第 214 页。

4. 权衡理论

未来现金流不稳定以及对经济冲击高度敏感的企业，如果使用过多的债务，会导致其陷入财务困境，出现财务危机甚至破产。企业陷入财务困境后所引发的成本分为直接成本和间接成本。财务困境的直接成本是指企业因破产、进行清算或重组所发生的法律费用和管理费用等；财务困境的间接成本是指企业资信状况恶化以及持续经营能力下降而导致的企业价值损失。具体表现为企业客户、供应商、员工的流失，投资者警觉与谨慎所导致的融资成本的增加，被迫接受保全他人利益的交易条款等。因此，负债在为企业带来抵税利益的同时，也给企业带来陷入财务困境的成本。所谓权衡理论，就是强调在平衡债务利息的抵税收益和财务困境的基础上，实现企业价值最大化时的最佳资本结构（见表 10－3 和图 10－4）。

表 10－3　权衡理论的基本结论

观点	强调在平衡债务利息的抵税收益与财务困境成本的基础上，实现企业价值最大化时的最佳资本结构。此时所确定的债务比率是债务抵税收益的边际价值等于增加的财务困境成本的现值
表达式	$V_L = V_U + PV$(利息抵税) $- PV$(财务困境成本)

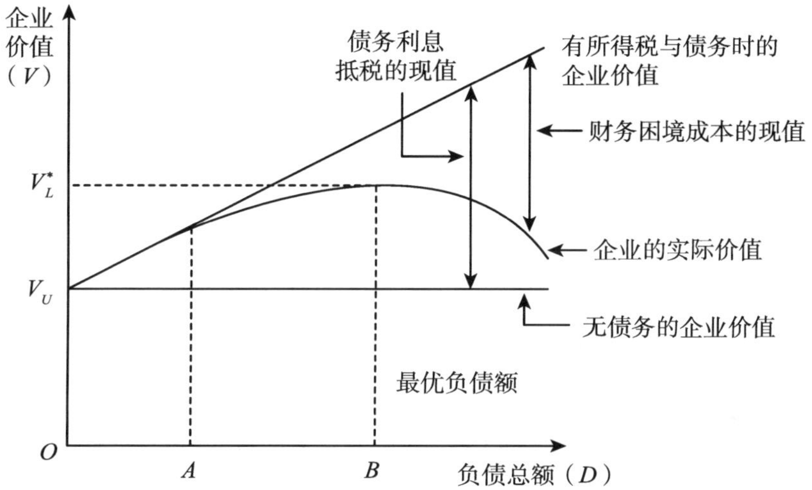

图 10－4　基于权衡理论的企业价值与资本结构

资料来源：中国注册会计师协会，《财务成本管理》，中国财政经济出版社 2017 年版，第 216 页。

5. 代理理论

在资本结构决策中，不完全契约、信息不对称以及经理、股东与债权人之间的利益冲突将影响到投资项目的选择，特别是企业陷入财务困境时，更容易引发过度投资和投资不足问题，导致发生债务代理成本。债务代理成本既可以表现为因过度投资问题使经理和股东受益而发生债权人价值向股东的转移，也可以表现为因投资不足问题而发生股东为避免价值损失而放弃给债权人带来的价值增值。过度投资的情形主要有：（1）当企业经理与股东之间存在利益冲突时，经理的自利行为产生的过度投资问题；（2）在企业遭遇财务困境时，即使投资了净现值为负的投资项目，股东仍可能从企业的高风险投资中获利。说明股东有动机投资于净现值为负的高风险项目，并伴随着风险从股东向债权人的转移。投资不足的主要情形有，在企业陷入财务困境且有比例较高的债务时，股东如果预见采纳新投资项目会以牺牲自身利益为代价补偿债权人，因股东与债权人之间存在利益冲突，股东就会缺乏选择该项目进行投资的积极性。然而，债务在产生代理成本的同时，也会伴随相应的代理收益。债务的代理收益将有利于减少企业价值损失或增加企业价值，具体表现为债权人保护条款引入、对经理提升企业业绩的激励措施，以及对经理随意支配现金流浪费企业资源的约束等（见表 10－4）。

表 10－4　代理理论的基本结论

观点	债务代理成本与收益的权衡
表达式	$V_L = V_U + PV$(利息抵税) $- PV$(财务困境成本) $- PV$(债务的代理成本) $+ PV$(债务的代理收益)

10.2.2　优序融资理论

优序融资理论又称啄食理论，其认为企业不存在最佳资本结构，当企业存在融资需求时，首先会选择内源融资，其次会选择债务融资，最后会选择股权融资，因此，企业的资本结构只是反映了对外部融资的历史需求，不存在最优资本结构。

内源融资具有以下三个优势：（1）成本低。内源融资不需要实际对外支付利息或股息，不发生融资费用，不会减少企业的现金流量，但会有内含的与普通股东相同的资本成本率。（2）内源融资周转性好。由于自主性强、成本低和一定的抗风险性，内源融资在企业间流转较快。（3）能够强化公司治理。相对于股权融资而言，内源融资可以避免所有权及其每股收益的稀释。

内源融资也存在劣势：（1）筹集的资金量有限，不能有效发挥财务杠杆的作用。（2）财务风险大，大量的盈余公积或未分配利润用于再投资，会降低企业风险抵抗能力，加大外部环境的反应敏感度，尤其是经营状况不稳定的企业。（3）不确定性大，限制约束较多，如企业本身的盈利能力、净资产规模和未来预期收益等。

债权融资的优缺点如 MM 定理分析所示，具有税盾收益和财务杠杆收益，但也面临代理成本和财务困境成本等问题。股权融资最大的优点体现在没有还本付息压力且可以享受企业估值溢价，增加市场知名度等，但是其繁琐的融资程序、高昂的融资费用、严格的融资条件，以及控制权、所有权稀释问题限制了其广泛的应用。优序融资理论是在信息不对称框架内对资本结构的研究分析，这里的信息不对称是指企业内部管理人员通常比外部所有者拥有更多关于企业的准确信息。在这种前提假设下，企业管理层的很多决策，如筹资决策和股利分配决策，不仅具有财务上的意义，而且向市场和外部投资者传递信息。外部投资者只能通过企业管理层的决策所传递出的信息了解企业未来收益预期和投资风险，进而间接评估企业的价值。在信息不对称的情况下，如果外部投资者掌握的关于企业资产价值的信息比企业管理层少，那么企业权益的市场价值就可能被错误定价。当企业股票价值被低估时，管理层将避免发行新股，而采取其他融资方式筹集资金，如内源融资或发行债券；而在企业股票价值被高估时，管理层将尽量通过发行新股为新项目融资，让新股东承担风险。

在现实情况的大样本分析下，企业融资的资本结构不完全符合上述理论。首先，能带来税盾利益的债务融资的运用是有限制的，在当今“去杠杆”的宏观调控政策下，企业的财务杠杆更加受到其自身的盈利能力、公司规模以及固定资产价值的影响；其次，处于相似行业的公司倾向于具有相似的资本结构，这意味着资产和经营的性质是资本结构的一个重要决定因素。

10.3 内源融资

10.3.1 内源融资的内涵

内源融资又叫内部融资，按照西方财务管理惯例，企业融资过程的初始阶段大都采用内源融资，企业利用自身资源优势与市场机会，通过科学完善的管理手段，组织采购、生产、销售和获得利润等一系列生产经营过程。企业依靠其内部积累进行的融资即企业将留存收益与折旧转化为投资的过程。

10.3.2 转换形式

内源融资具体包括三种形式：资本金转化为重置投资、折旧金转化为重置投资、留存收益转化为新增投资（见图10－5）。

10.3.3 内源融资的主要来源

投融资专家张雪奎（2012）认为，企业初创时期内源融资的两种主要方式分别是留存收益借款和内部员工集资（见表10－5）。

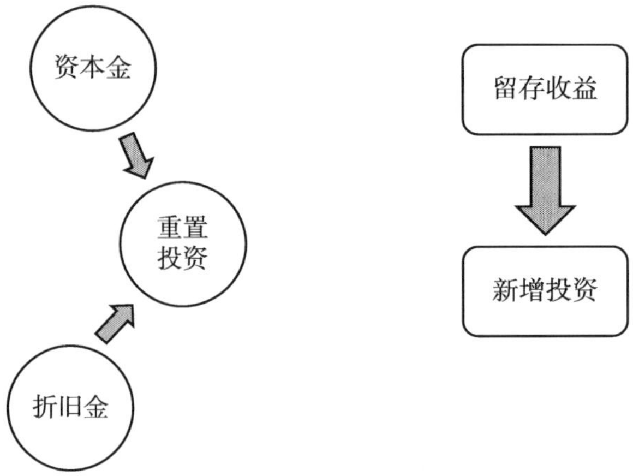

图 10－5　内源融资转换形式

表 10－5　内源融资来源

主要渠道	含义	特点
留存盈余融资	企业内部正常经营形成的现金流，是对税后利润的一种分配方式，主要表现为向股东配股	(1) 锁定企业留用的金额，为投资者的长远增值目标服务；(2) 在不增加企业负债的情况下增加企业的资本金，有利于保障原始股东权益，防范投资风险，保证企业稳健发展
内部员工集资	指生产性企业为了加强企业内部集资管理，把企业内部集资活动引向健康发展的轨道，在自身的生产资金短缺时，在本单位内部职工中以债券等形式筹集资金的借贷行为	(1) 企业内部集资券可以在企业内部转让，但不得公开上市转让；(2) 企业集资资金必须按批准的用途使用，不得挪作他用；(3) 企业内部集资只支付利息，利率可高于同期居民储蓄存款利率，上浮幅度由负责审批的人民银行按有关规定确定

资料来源：张雪奎（2012）。

10.4 股权融资

10.4.1　股权融资的内涵

股权融资是企业融资的主要方式之一，是指企业股东愿意让出部分企业所有权，通过企业增资的方式引进新的股东的融资方式。股权融资所获得的资金，既可以充实企业的营运资金，也可以用于企业的投资活动并且企业无须还本付息，新股东与老股东同样分享企业的盈利与增长。

10. 4. 2　股权融资渠道

股权融资渠道如表 10－6 所示。

表 10－6　　股权融资渠道介绍

<table>
<tr><th>分类</th><th>来源</th><th>投资方</th></tr>
<tr><td>内源性股权融资</td><td>股东投资、留存收益</td><td>股东</td></tr>
<tr><td rowspan="2">外源性股权融资</td><td>私募股权</td><td>天使资本
风险资本
场外发行和市场交易</td></tr>
<tr><td>公开发售（IPO）</td><td>主板市场
中小企业板</td></tr>
</table>

10. 4. 3　股权融资的特征

股权融资的特征包括：

（1）无负担性。无须担心到期支付固定本息的负担，可以依据企业的生产经营情况、盈利情况和现金流量、是否有更好的投资机会等来决定股利的分配。

（2）永久性。无固定到期日和利息，除非公司清算，否则无须归还投资人。

（3）不可逆性。只能通过流通市场买卖股票的方式来收回资金。

（4）低风险性。由于无负担性与永久性，就不存在因意外情况而无法偿还到期债务导致企业破产的财务风险，同时，有利于风险分散和补偿。战略投资者的进入不断壮大企业的实力，提高企业的资金信贷水平和知名度。

（5）高流动性。投资人不仅可以在股票市场上随时进行股权的转移，还可以通过买卖股票、继承、抵押等完成资金转移。

（6）高筹集性。发行股票的方式可以积聚大量的闲散资金，同时也能通过上市提高企业的知名度和信用度，从而产生资本公积金和盈余公积金等。

10. 4. 4　股权融资的优势与劣势

1. 股权融资的优势

（1）成本相对较低。与债权融资必须还本付息相比，股权融资具有无固定到期日和利息的“软约束”特点，使上市公司的实际融资成本很低。

（2）资金来源广泛，能够满足市场众多投资者的融资要求，充分发挥自身的比较优势。

2. 股权融资的劣势

（1）股权融资参与者的行为不够理性和成熟。我国股票市场充满了投机气息，个人投资者看重的不是公司股票长远的投资价值，而是眼前买卖股票的资本利得，他们的投资决策具有较大的随意性和盲目性。

（2）股权融资的资金配置效率低下。大多数上市公司的募集资金投向并不符合公司的长远利益，它们更倾向于把资金投到自己不熟悉、毫无关系的产业中，喜欢随意变更投资方向，造成资源的巨大浪费，同时也扭曲了证券市场的资源配置功能。

（3）我国股权融资场所资本市场的发展是不成熟的。企业不是根据收益与风险自主选择融资方式，而是依据偏好来选择。

10.4.5 股权融资的典型案例

双汇国际控股有限公司是中国最大的肉类加工企业；史密斯菲尔德食品公司是全球最大的生猪养殖和猪肉加工企业，是美国最大的猪肉制品供应商。2013 年 5 月 29 日，双汇国际控股有限公司和史密斯菲尔德食品公司宣布，双方已达成并购协议，双汇国际将以每股 34 美元的价格收购史密斯菲尔德食品公司全部股份，价值约 71 亿美元。历时 4 个月的收购完成后，史密斯菲尔德食品公司退市，双汇国际通过此项收购获得后者的成熟技术，成为国际肉制品行业的“巨无霸”。

10.5 银行贷款

10.5.1 银行贷款的内涵

银行贷款是指银行作为间接融资金融机构，按一定利率和必须归还等条件出借货币资金的一种信用活动形式。广义的贷款是贷款、贴现、透支等出贷资金的总称。银行通过贷款的方式将所集中的货币和货币资金投放出去，可以满足社会扩大再生产对补充资金的需要，促进经济的发展，同时，银行也可以由此取得贷款利息收入，增加银行自身的积累。

10.5.2 贷款类别

（1）按不同偿还期分为短期贷款、中期贷款和长期贷款。

（2）按偿还方式不同分为活期贷款、定期贷款和透支。

（3）按贷款用途或对象不同分为工商业贷款、农业贷款、消费者贷款、有价证券经纪人贷款等。

（4）按贷款担保条件不同分为票据贴现贷款、票据抵押贷款、商品抵押贷款、信用贷款等。

（5）按贷款金额大小不同分为批发贷款和零售贷款。

（6）按利率约定方式不同分为固定利率贷款和浮动利率贷款等。

10.5.3　银行贷款的贷款条件

（1）个人信用贷款。首先，要求借款人有二代身份证、稳定的工作证明、收入证明、贷款用途证明；其次，要求个人信用状况良好；最后，要求借款人月均收入不低于4000 元。

（2）房屋抵押贷款。房屋的年限在 20 年以内，房屋面积大于 50 平方米；房屋具有较强的变现能力，抵押贷款额度不超过房屋评估值的 70%。

（3）大学生创业贷款。在读大学生以及毕业两年以内的大学生；大专以上学历；18 周岁以上。

（4）个人户贷款。在贷款行开立存款账户，具有完全民事行为能力，有当地户口、本地固定的经营场所且收入稳定，能提供合法的抵（质）押物。

（5）房屋按揭贷款。在银行开设个人结算账户以及具有有效的担保，具有有效身份证、婚姻状况证明、良好的信用记录和还款意愿、稳定的收入、所购住房的商品房销售合同或意向书及支付所购房屋首期购房款的能力。

10.5.4　银行贷款的特征

（1）手续简单，融资速度快。

（2）灵活性强，银行根据企业的信用状况适当给予贷款。

（3）利息可计入成本，产生抵减效应。

10.5.5　银行贷款与融资租赁的区别

（1）融资额度。银行贷款受国家宏观调控及央行信贷政策的影响较大，一般以一年期以下流动资金贷款为主且贷款额度较为有限；而融资租赁的融资额度依客户资质条件和设备价值决定，额度范围较大。

（2）融资期限。银行一般以一年期以下流动资金贷款为主；融资租赁期限最长可为3年。

（3）还款方式。银行还款方式较为单一；融资租赁可提供灵活的分期付款方案。

（4）担保方式。银行一般要求不动产抵押或经审核的第三方担保；融资租赁主要依客户资质条件灵活决定，一般用购买的生产设备等固定资产抵押。

（5）贷款程序和贷款标准。融资租赁信用审查的手续简便，融资和融物为一体，大大节约了时间，使企业能在最短的时间内获得设备使用权和资金。

（6）资金成本。银行贷款成本一般低于融资租赁。融资租赁预期年利率高于银行贷款预期年利率，并且融资租赁会在初期收取一定的手续费。例如，融资租赁收取30%左右的保证金（按"整存整取定期存款利率"计息，一般为2.25%~3.6%），但融资租赁的承租人可以享受加速折旧的优惠，而银行贷款就没有该优惠待遇。

10.6 互联网渠道融资

10.6.1 互联网渠道融资的内涵

互联网渠道融资是以互联网为代表的现代信息科技，主要指依托互联网金融平台，利用大数据、搜索引擎等互联网工具来进行第三方支付、资金融通及信息中介等服务的创新金融融资模式。其中，包括支付结算类、融资类、综合类等多种类别和网络借贷、第三方支付、P2P模式、余额宝模式、众筹等五种核心业态。

10.6.2 互联网渠道融资的主要类型

互联网渠道融资包括P2P、大数据金融、众筹（见表10-7）。

表10-7 互联网融资类别分析

项目	P2P		大数据金融		众筹	
	无担保线上	第三方担保	电商+小贷	电商+银行	预购式	会籍式
代表机构	拍拍贷	陆金所	阿里小贷	京东商城	点名时间	3W 咖啡
平台作用	网络借贷	网络投融资	小额贷款	信息担保	创意项目融资	会员投资
市场群体	中低收入群体	小微企业、金融机构合格投资人	自营平台商户	自营平台产业上下游企业	科技类、艺术类项目	互联网创业投资圈群体
套利机制	服务费 充值费	服务费 担保费	贷款利息	服务费 担保费	手续费 提成	会所人 脉价值

10.6.3　互联网渠道融资的特征

（1）伴生于商务平台，是一种轻资产形式的虚拟营业场，通过强大的网络通信技术把独立的个体和分散的经济活动通过网络串联在一起，形成了一个无形却真实、虚拟却有效的交易场所。

（2）积极跨界。互联网平台不仅在电子商务与金融之间没有物理阻隔（它通过网站的简单连接、页面跳转就能迅速切换交易主题，进行不同类型的经济活动），而且还可以快速叠加业务单元，向最终用户推送不同的服务和产品。

（3）广泛连接。互联网平台以企业对企业（B2B）的形式，带着各自的客户资源，通过连接实现共享。

（4）精耕账户。所有个人财富的商业价值派生于账户，在一个账户之内，货币资产据以集聚，金融业务、金融产品和投资的分类、分级账户可以集成管理和相互转化。

（5）便利普惠。互联网打破了时空隔阂，方便快捷成为网络商务的最基本特征，借助互联网手段，金融服务的场所迁移到电脑和手机上，金融活动的响应时间降低到秒级，融资效用大大提升。

10.6.4　互联网渠道融资的优势与不足

1. 优势（S）

（1）注重客户体验，便利性高。

（2）具有强大的数据采集和分析能力，金融交易和服务成本较低。

（3）信用审批和放贷的服务效率高。

（4）具有普惠金融特点，更多服务于小微客户群和个体商户。

（5）创新快，能够高效满足用户个性化需求。

2. 劣势（W）

（1）法律、经营范围规定不明确，易触发政策风险。

（2）处在监管灰色地带，交易主体权益保护机制缺失。

（3）存在模式创新和扭曲风险以及技术和数据安全风险。

（4）跨行业运作，缺乏金融业经营方面的人才，市场风险高。

10.6.5　互联网渠道融资的典型案例

2012 年 10 月 5 日，美微会员卡在线直营店通过淘宝网推出线上会员卡等业务，该会员卡售价人民币100元/张。购买者不仅能够享有美微传媒“订阅电子杂志”的服务，还拥有美微传媒的原始股份100股。消费者购买后会与店主签订合同，美微传媒则会根据会员卡购买者的持股比例以整体营业额年底分红回报给“会员卡”的购买者。2013年1月9日，美微传媒以同样的形式发起第二轮购买会员卡形式的融资，但每股单价上涨了0.20元。截至2013年2月5日，在美微传媒两次淘宝募资中，共有1191名会员参与认购，募集金额高达人民币81.6万元。

好景不长，美微传媒的众筹模式在网络上掀起了巨大争议，很多人认为美微传媒具有非法集资的嫌疑。最后，证监会宣布该融资行为不合规，但只要求退还部分款项，并没有对其进行严厉处罚。

10.7 债券融资

10.7.1 债券融资的内涵

债券融资属于直接融资，主要指需要资金的部门直接到市场上融资，借贷双方存在直接的对应关系。其特征是资金成本低、长期资金和筹资范围广。

10.7.2 债券融资的作用

（1）税盾作用。由于利息支出在税前，而股息则在税后支付，这对企业而言，相当于债券筹资成本中的相当一部分是由国家负担的。因而，负债经营能为企业带来税收节约价值，从而使企业的每股税后利润增加。

（2）财务杠杆作用。指企业负债对经营成果具有放大作用。

（3）资本结构优化作用。罗斯认为企业的价值与负债率正相关，所以越是高质量的企业，负债率越高。

（4）企业项目拥有长期资金支持。

10.7.3 债券融资的弊端

（1）财务风险大。债券具有固定的到期日与固定的利息支出，若企业资金周转出现问题，企业易陷入财务困境，甚至面临破产的威胁。因此，必须考虑利用债券融资所筹集资金开展的投资项目未来收益的稳定性、增长性问题。

（2）限制性条款多，资金使用范围缩小，缺乏灵活性。不仅债权人没有参与企业管理的权利，并且为了债权人的债权安全，合同中会含有多种限制性条款。

10.8 其他融资方式

10.8.1 贸易融资

贸易融资是指与进出口贸易结算相关的短期融资或信用便利。即银行利用对物流、资金流的控制，以及对有实力关联方的责任和信誉捆绑，在有效控制授信资金风险的前提下进行的授信。

1. 贸易融资的类型

贸易融资的类型主要包括进口押汇、出口押汇、保理业务、承兑汇票和打包贷款。

2. 贸易融资的特点

（1）贸易融资业务注重贸易背景的真实性和贸易的连续性，注重对信用记录、交易对手、客户违约成本、金融工具的组合应用、银行的贷后管理和操作手续等情况的审查。

（2）贸易过程所产生的销售收入构成贸易融资业务的主要还款来源。

（3）融资额度核定由贸易额扣除自有资金比例确定，期限严格与贸易周期匹配，资金不会被挪用。

（4）风险控制重点在于审查短期偿债能力，加强对单据的控制、对现金流的封闭管理。根据企业的具体情况量身定做，易于创新，技术含量相对较高，在竞争中可以突出银行的竞争优势。

10.8.2 政策性融资

政策性融资是指根据国家的政策以政府信用为担保的，每年可申报的政府各项基金和贴息贷款。

1. 政策性融资的主要类型

政策性融资的主要类型按不同融资渠道可分为政策性银行、政府投资或政策性担保机构、中央和地方各级财政部门投资；按不同融资方式可分为政策性贷款和政策性担保、财政贴息和政策性投资、专项扶持基金。

2. 政策性融资的优势与劣势

政策性融资的优势是成本低、风险小、低利率甚至无息，不仅具有机动性和便利性，企业可以随时申请贴息贷款，而且期限在 1 ~ 3 年，企业可用作公司的辅助融资方案。同时，政策性融资不以盈利为目的，还款期可长可短，比较适合用以弥补经济不发达地区市场投资的不足，有利于政府提高财政投资效果，扩大政府的投资能力。

政策性融资的劣势是适用面窄、金额小、环节众多、手续繁杂、花费时间较长、有一定的规模限制。由于政府支持的资金有限，所以规定各基金对技术项目投资的最高限额为 100 万元左右，贴息贷款的最高限额为 200 万元。

关键词

创业融资形式　　内源融资　　股权融资(PE)　　债券融资　　互联网渠道融资

本章小结

本章主要介绍企业创业融资在 A、B、C 轮融资的主要形式以及各种融资所需要的条件，并对各融资模式的特点进行了详细的分析。本章介绍了内源融资的概念，简单描述了内源融资的特征并重点分析了企业选择内源融资的理由；详细介绍了股权融资的含义与现存模式，对于现实中具体的股权融资模式进行了对比分析，并结合双汇国际并购史密斯菲尔德食品公司的典型案例，对股权融资进行了说明；介绍了银行贷款的类型、贷款条件、特征；总结了互联网渠道融资的功能、特征，并重点列举了美微传媒的案例，形象地分析了股权融资模式；简要概述了其他的融资方式。

思考题

1. 美微传媒的模式面临哪种风险？政府对其进行处罚的原因是什么？谈谈你对互联网众筹的看法。

2. 融资对员工意味着什么？创业公司的融资频率如何？

3. 科技初创企业的主要融资模式包括哪些？选择其中两种融资形式进行对比举例。

4. 结合实例分析初创企业各个阶段不同融资模式的主要原因。

附录

创业投融资典型案例

美团点评完成F轮40亿美元融资，企业估值实现300亿美元[①]

2017年10月19日，“互联网+生活服务平台”美团点评宣布完成新一轮40亿美元融资，融资后估值300亿美元。此次融资由腾讯领投，引入了新的战略投资方Priceline集团。Priceline集团旗下的Booking. com、Agoda、Kayak、Rentalcars、Opentable等品牌如果与美团展开全面合作，为美团提供海外酒店、租车、机票、餐饮预订，将为美团带来更强劲的海外竞争力。

一、美团网公司基本情况

1. 美团网公司概况

美团网（北京三快科技有限公司）是于2010年3月成立的类似Groupon的电子商务网站，创始人为王兴。美团网最初定位为团购网站，为消费者发现值得信赖的商家并推荐优质的本地生活服务，同时为商家找到合适的消费者并提供互联网技术服务。现在美团网涉及的业务领域包括餐饮服务、外卖服务、电影票、KTV、婚庆服务、酒店服务等，并在各细分市场份额实现绝对领先。

2015年10月8日，美团网和大众点评网以5:5换股的方式合并，美团点评（China Internet Plus Holding Ltd，CIP）由此产生。根据双方联合发布的声明显示，两家公司在人员架构上保持不变，并将保留各自的品牌和业务独立运营，包括以团购和闪惠为主体的高频到店业务。

2016年，美团网拥有约2.8亿活跃用户和约500户合作商家，交易额超2000亿元人民币，覆盖约1500个城市。美团网成为中国和全球“O2O”领域最大的服务平台，成为月活跃用户仅次于淘宝网的第二大电商企业。

2. 公司发展历程

2010年，美团网上海站、西安站、武汉站、广州站、南京站等分站先后成功运营。

---

① 作者根据公开资料整理。

据“团 800”数据显示，2010 年至 2011 年 6 月，我国团购网站从 2612 家飙升至 5300 家，过多的同业竞争者使团购行业迅速进入补贴抢占市场份额的恶性竞争中。为了生存下来，美团网开始实行差异化竞争策略。一方面，树立保障消费者权益的良好形象；另一方面，开始实施“T”型战略，即以团购业务为主线保持现有的市场占有率，同时以电影、外卖、酒店等 O2O 垂直细分领域为纵线，不断创新产品和服务模式来扩大美团网在 O2O 本地生活服务业中的市场份额。

美团网自 2010 年成立至今每年都会有新的突破。由王兴带领十几个人共同创业，到现在的近万名员工，公司规模不断扩大，公司的业务城市也从最开始的一个城市发展到现在全国几十个城市，每次开战一个新的城市，也就意味着美团网不断被消费者认可（见图 1）。

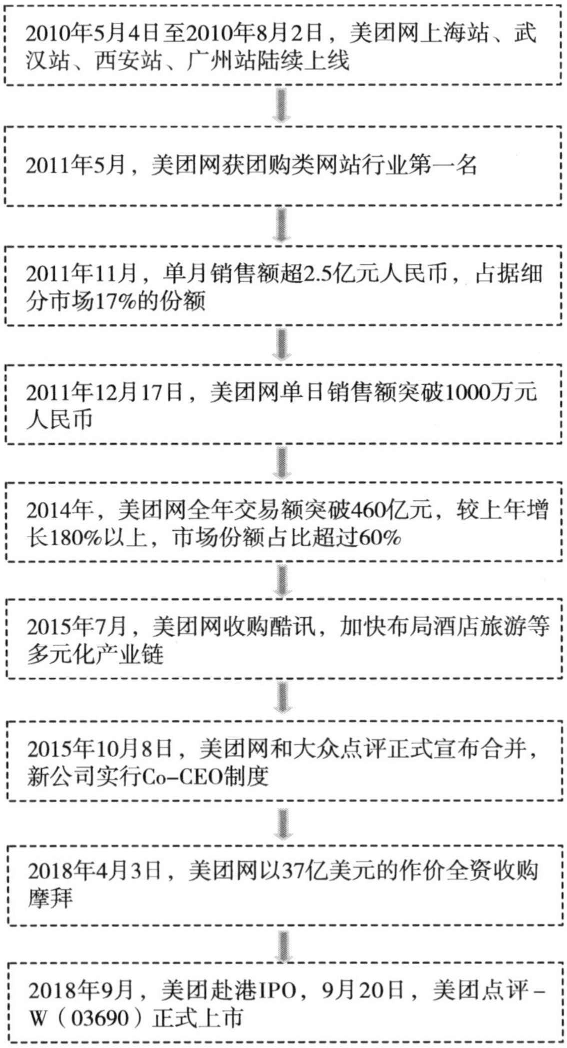

图 1　美团网发展历程

二、美团网融资基本要素

1. 美团网运营结构

（1）七大业务板块。2015 年 11 月，美团网整合庞大的线上线下资源，创立了七大业务板块，即资源设立平台事业群、到店餐饮事业群、到店综合事业群、外卖配送事业群、酒店旅游事业群、猫眼电影全资子公司、广告平台部。平台事业群主要负责点评用户平台、美团用户平台、POI（point of interest）信息平台、搜索平台、商户平台等，同时还运营美团大众的市场营销平台、用户体验设计平台等。到店餐饮事业群主要负责餐饮团购、闪惠买单，预定、选菜、点单、餐饮商户广告，以及公司品牌广告等业务。该事业群成功整合了美团网的到店事业群和大众点评网的餐饮等团购业务、到店支付业务。与此同时，美团大众推出“商企通”来抢占国内企业用户餐饮招待市场，商企通主要是为企业的商务招待、团队建设、员工福利提供管理服务。到店综合事业群肩负着结婚、亲子、家装、丽人、KTV、休闲娱乐等行业进一步拓展的重任。美团大众先后整合了结婚、家装、教育业务，增加宴会场地的预定业务，暂停发展潜力较低的瘦狗业务，如家政、干洗、早餐等上门业务服务。外卖配送事业群主要掌管外卖、配送等业务。O2O 餐饮外卖市场的竞争进入了产业链的竞争，整合后的美团外卖于 2015 年 12 月 7 日推出“美团众包”，即“自营 + 加盟 + 众包”的三位一体物流模式，积极参与产业链的竞争。与此同时，美团外卖从“全品类”和“配送”两个角度进行品牌升级，把原来“热气腾腾的一碗饭”变成了一只由麦香色与栗壳色组合搭配的快速奔跑状的袋鼠，以助其继续巩固和提高美团外卖的品牌知名度。酒店旅游事业群主要负责酒店住宿、景点门票、周边游等业务。美团大众在整合酒店、机票、酷讯网等现有资源的基础上，继续拓展在线旅游业务，希望酒店业务和旅游业务可以形成良性循环，并联动餐饮和其他服务。2015 年，猫眼电影成功整合美团和大众点评网的电影频道，继续探索新的盈利模式，如 2016 年 2 月推出首部全案发行的影片《年兽大作战》。2016 年 4 月，美团大众把猫眼电影正式分拆成完全独立运营的公司。广告平台部主要负责建设公司统一的广告服务平台。美团大众在大众点评网广告业务的基础上整合美团的广告业务，继续拓展广告盈利模式。

（2）五大支撑板块。除了以上七大业务板块，美团网还同时设立客服平台部、技术工程及基础数据平台、战略及企业发展平台、财务平台、人力资源及服务保障平台五大支撑板块。其中，客服平台部负责全公司客户服务体系及平台建设；技术工程及基础数据平台承担公司云平台、数据平台、基础架构、运维平台及服务、信息安全、工程质量等；战略及企业发展平台肩负公司战略发展、投资并购等重任；财务平台负责对各大板块提供资金调配、融资担保、会计核算、内部审计等；人力资源及服务保障平台负责人力资源、行政、采购、政府事务、公共关系、监察、法务、企业IT等。

2. 美团网业务及服务

（1）美团网业务概览。美团网作为全球最大的本地生活服务平台，所提供的本地生活服务包括与日常生活相关的餐饮、酒店、电影、美容健身、教育、婚庆等领域。而由餐饮领域发展壮大而来的美团网，其产品和服务类型伴随着O2O市场的发展而日益多样化，从餐饮团购、外卖、电影、酒店等刚需、高频领域，拓展到教育、结婚、家装、医疗等追求更高品质、客单价更高的低频领域。同时，美团网还挖掘与本地生活服务业有密切关联的周边游、国内外旅游等需求（见表1）。

表1 美团网主要业务及其市场份额

项目	餐饮	外卖	电影	KTV	婚礼	酒店
市场份额	85%	40%	45%	85%	81%	30%
排位	1	1	1	1	1	2

资料来源：根据美团网官网公开数据整理。

实现业务服务多样化是美团网推行“T”型战略、积极布局O2O市场的体现，这有利于美团网获得更多盈利点，为早日实现财务上的盈利打好基础。美团网主要通过以下三种方式来实现产品（服务）的多样化：

其一，整合现有业务。美团网先后整合了餐饮团购与外卖、电影、家装、教育和结婚等业务。以结婚业务为例，美团网积极整合528个城市的结婚业务，并给予该业务从运营、本地生活流量导流到营销等一系列环节的支持，同时还积极拓展结婚产业链，增加宴会场地的预定业务，抢占婚嫁这一高达8000亿元交易规模的垂直市场。

其二，创新产品。为了进一步细分餐饮市场，巩固在O2O本地生活服务业中的优势，建立更高的行业壁垒，美团网推出“商企通”。该业务定位于餐饮接待市场中的企业用户，为其提供商务接待、员工内部建设等管理服务。具体而言，商企通不但可以帮助企业在商务餐饮、娱乐消费上实现有效的预算管控与成本控制，还可以简化员工报销流程，即当企业员工通过“商企通”支付因招待客户用餐、休闲娱乐、员工加班用餐、团队建设而产生的账单时，账单信息将同时发送至企业的财务系统。因此，美团网的商企通既适用于到店消费用户，也适用于外卖等出店消费的用户。其优势是，对企业而言，节省财务监管的成本，方便预算管控；对员工来说，极大便利了向公司报销的过程。商企通作为垂直入口的新方式，帮助大量的本地商户获取价格敏感型的增量用户群，创造个人、企业和商户等多方价值。

其三，拓展相关产业链的上下游业务。以美团网进入在线旅游业为例。进入在线旅游业市场的美团网基于本地生活服务业的优势，正在构建在线旅游业的“吃—住—玩—行”的O2O闭环，用户在该闭环里可以获得这样的一个生活场景：在出游前通过美团网制定旅游计划，然后根据自己的需求预定所需的产品，在旅游过程中无须排队购票就可以直接奔赴提前预订好的餐馆和景点，旅游结束后还可以在美团网上编写旅游攻略，分享自己的消费体验。

（2）美团网的主要业务及其市场分析。目前美团网的主要业务是团购和外卖两大项。团购是美团网发展的最初定位，随着美团网的诞生，一直富含活力地发展至今，也是目前国内市场占有率第一的网上团购平台，给众多消费者带来了实惠，给众多商家带来生存发展的机会。美团网也正是因为团购业务的强大而被人们所熟知。随着市场的发展，美团网推出外卖业务，美团外卖迅速发展，不到三年的时间，几乎开拓了国内大大小小的城市，市场份额也稳居第一。

其一，美团外卖。美团外卖是隶属于美团网旗下基于互联网的订餐O2O平台，于2013年11月正式上线（见图2）。美团外卖通过互联网平台，为用户提供网上订餐、网上支付、外卖配送等服务，紧密连接着消费者和商家，为消费者提供订餐方便，帮助商家提高销售收入。

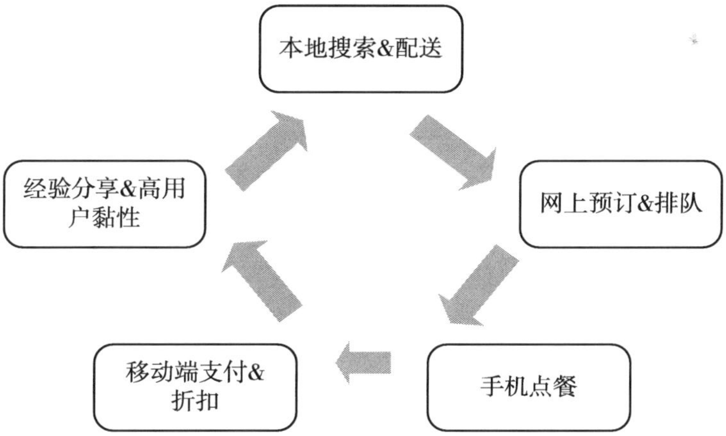

图2 美图外卖闭环商业模式

资料来源：根据美团网官网公开数据整理。

美团外卖总裁由美团副总裁王慧文担任，总部设在北京望京区域，美团外卖在成立之初沿袭了美团网团购竞争的策略，虽不具备先发优势但市场扩张迅速，在2014年平均每1.5天开拓一个城市。美团外卖于2013年11月产品正式上线，2014年2月上线10个城市，2014年10月扩展到200个城市。2014年12月产品正式上线刚好满一年之际，美团外卖日均订单达到150万单；到2015年12月，日均订单达到300万单。美团外卖的市场占有率快速增长，用户数量迅速增长，短时间内在国内一线、二线城市达到较高的覆盖率。2015年10月美团与大众点评合并，美团外卖与四线城市的合作增多，目前已覆盖全国50000多家餐厅，5000多个品牌连锁餐厅，开通了全国300多个城市，日均订单量达到550万单。

其二，在线餐饮外卖市场。餐饮业是我国传统的服务性第H产业，始终在人们的生活中扮演着重要角色，随着我国经济的快速增长和居民收入水平的不断提高，餐饮业取得了持续发展，始终保持着旺盛的增长势头。2008年世界金融危机以来，我国餐饮业“粗放与微利”的问题不断凸显。2012年底中央出台“八项规定”以来，高端餐饮消费遇冷收缩，大众化的中低端餐饮增速不减。“互联网+”时代，餐饮行业的外部环境发生了极大的变化，目标市场、消费者行为（包括消费场所、消费决策过程、支付习惯）都在不断发生变化，餐饮O2O的出现成为餐饮业新的增长点和突破口。

中国在线餐饮外卖市场自2011年以来一直保持较高速度增长，2016年市场规模达到1662.4亿元，增长率为33.0%；2017年市场规模达到2045.6亿元，增长率放缓，市场规模逐步稳定（见图3）。可以认为，中国在线订餐市场逐渐成熟，未来市场增长将主要来自平台对已有用户更多需求的深度挖掘。

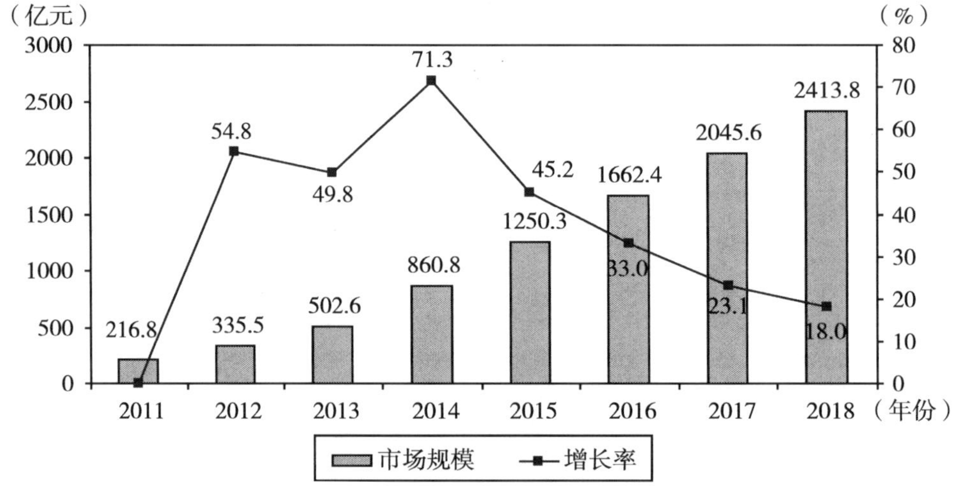

图3 2011~2018年中国在线餐饮外卖市场规模

资料来源：艾媒北极星。

中国在线餐饮外卖平台的竞争自2011年初现端倪，至2016年已基本呈现美团外卖、饿了么、百度外卖三强鼎立的局面。在线餐饮外卖平台的竞争基本呈现以下四个特点：平台规范化、全品类布局、配送成关键和品质战争。各大外卖平台的竞争逐渐转向品质战争。

其一，平台规范化。2016年各平台发力服务规范化意图明显。从配送时长、配送网络划分到配送装备的规范、处理应急问题的规范角度考虑，各大外卖平台都有很大的提升。

其二，全品类布局。2016年各平台均开展了较为频繁的战略合作，商品已从正餐逐步延伸到下午茶、零食等，餐饮形式也从个人餐延伸到了团餐。在形式方面，各平台服务已不仅局限于外卖+送餐，各平台上线了跑腿服务，满足用户更多元化的需求。

其三，配送成关键。配送服务及时成为用户评价平台所参考的重要因素。2016年，各平台对于配送服务的把控进一步提高，美团宣称将配送时长缩减至28分钟。

其四，品质战争。平台发展之初，为获取用户流量，各平台采取价格战的策略，用低廉的价格来吸引客户，致使平台利润空间变小，而价格回升后客户的忠诚度不高。2016年，各外卖平台从价格战逐渐向品质战争过渡，优质的餐品和服务成为提高用户黏性的重要因素。

2016年，中国在线餐饮外卖用户规模达到2.56亿人，相比2015年增长22.5%；2017年和2018年在线餐饮外卖用户规模分别达到3.01亿人和3.46亿人，增长率逐步降低（见图4）。在用户规模趋于稳定的情况下，在线外卖平台将主要从用户存量着手，提升服务质量，发掘已有用户多方位需求，提升用户黏性，维持用户群体。

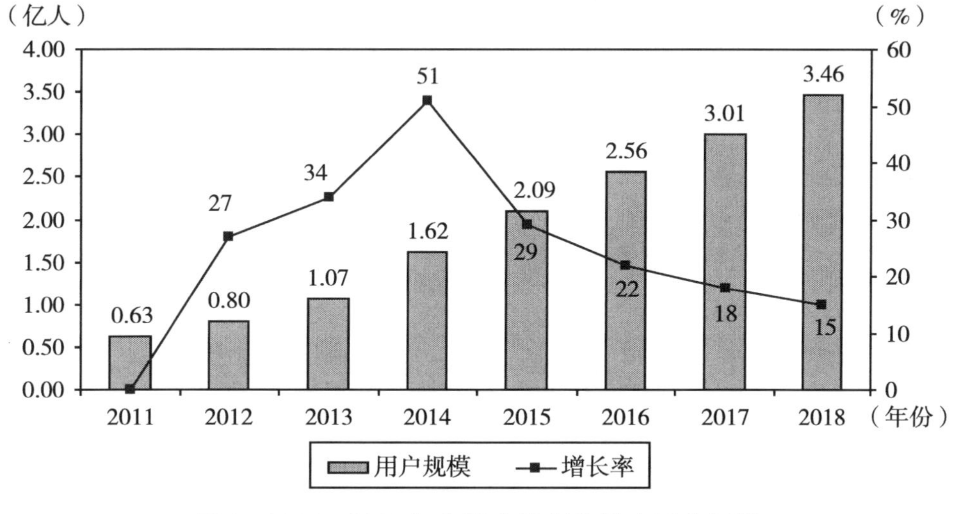

图4　2011~2018年中国在线餐饮外卖用户规模

资料来源：艾媒北极星。

3. 美团网盈利模式

团购网站是将商家与消费者连接起来的关联第三方，即中介商，所以O2O模式的团购网站的价值创造结构属于价值网络型。若消费者与商家在交易过程中均能得到实惠，那么，团购网站就能实现利润，达成三方共赢。价值网络型电子商务企业作为中介商，在商业活动中的收入来源主要为提取的商家少量佣金，然而，随着成交量与客户数量的增长渐渐弥补了佣金收入的不足，积少成多的商家佣金形成价值网络型企业丰硕的利润。互联网的出现打破了时空阻拦，不断扩增的互联网覆盖区域面积，使价值网络型电子商务企业的规模尤为关键。一方面，随着不断增加的网络用户数量，将更多地分担企业的固定成本，进而减少网络用户的边际成本；另一方面，网络规模的不断扩大是促成网络用户数量迅猛扩张从而使企业实现利润的关键因素。

目前美团网的利润来源主要包括以下四个方面：

（1）佣金收入。向合作商家收取佣金是美团网的主要收入来源之一，通常美团网对于佣金的收取比例根据团购品类不同而保持在5%~10%不等。

（2）广告费。由于美团网对消费者群体清晰的定位以及较低的广告投放成本，商家十分愿意参与到美团网的广告宣传活动中，广告费成为美团网又一主要利润来源。美团网获取广告收入的途径包括消费者点击或访问植入的广告通栏，以及美团网与商家定期共同推出的积分抽奖、0元抽奖、1元团购以及商品半价抢等优惠活动来吸引消费者眼球，起到了宣传与推广的效果。

（3）销售返利。美团网主要涉足本地服务O2O领域，但也参与实物类商品的销售。目前，美团网通过合作或代销的方式获取实物类商品销售返利。因代销需面临库存与物流成本方面的压力，所以美团网通过与第三方企业合作的模式，不仅降低了上述风险，而且更加灵活地拓展了自身业务。所以，解决能给客户带来哪些价值这一问题，是美团网实现长期盈利目标的关键。

（4）年费。美团网所提供的应该是大量的优惠信息服务，以及合适的产品推荐。目前美团网的会员是免费的，但是不排除未来可能通过差异化的服务来收取用户的费用。当申请的会员级别越高，所能得到的信息就越多，优惠越多，甚至能实现个性化的订制。收取会员费本身就是一笔非常庞大的收入，会成为美团网的一股强大的资金动力。

三、美团网融资渠道

1. 美团网融资历程

融资渠道的分析需要结合美团网的每一次具体融资进行分析，因此需要回顾美团网成立至今的融资历程。美团网从2010年成立至今，历经六次重大的融资历程，融资额也在不断地扩大，市值在不断地提高，投资主体在不断地增多，美团网的融资历程和渠道如表 2 所示。

表 2　　美团网融资历程和渠道

融资历史	年份	融资额	投资人	渠道
A 轮	2010	1200 万美元	红杉	VC
B 轮	2013	5000 万美元	阿里巴巴/华登国际/北极光创投/红杉	PE/VC
C 轮	2014	2.5 亿美元	泛大西洋/博格资本/红杉/阿里巴巴	PE/VC
D 轮	2015	7 亿美元	博格资本/泛大西洋/红杉/阿里巴巴/富达国际	PE/VC
E 轮	2016	33 亿美元	腾讯/DST/挚信/大众点评	PE/VC/并购
F 轮	2017	40 亿美元	腾讯/红杉/Tiger/挚信/GIC/CPPIB/the Priceline Gro－up	PE/VC

2. 美团网融资渠道

（1）风险投资。从美团网融资的历程来看，2010～2015 年的投资主要来源于外源融资，融资渠道主要是风险投资。投资人主要是包括红杉资本、泛大西洋资本、挈信资本、阿里巴巴等，其中，红杉资本、泛大西洋资本、挈信资本都是著名的风险投资企业。这些风险投资企业为众多新兴的互联网企业、高科技企业进行初期投资，投资的意图主要是看中这些企业高速成长的特点。

红杉资本等风投机构看好美团网的发展前景，在美团网需要资金的时候，积极主动给美团网投资，而且不止一次。但是，风险投资具有一定的风险，企业管理层往往没有决策权去开拓新的项目、发展新的业务、扩大公司规模。风险投资人会以自身的收益为主要目的，而企业的管理层主要看中企业规模的扩大。随着公司的不断发展，有可能导致在某一特定时间点二者的利益会有一定的冲突，致使在公司决策上产生分歧。因此，在企业成长初期引入 VC 能够促进企业业务及规模的不断扩展，但在企业生命发展周期的整个阶段长期引入风险投资可能会存在诸多的限制。

（2）私募股权融资。2010～2016 年，分析美团网整个融资历程可以看出，除风险投资外，美团网的融资渠道还包括私募股权融资。从投资人来看，阿里巴巴、腾讯等企业对美团网的投资属于私募股权投资，融资额占比较高。

私募股权融资是指通过私募形式对一些非上市企业进行权益性投资。私募股权投资偏向于企业发展到一定规模，有了相对稳定的现金流。

美团网成立以来一直以惊人的速度在发展，这让很多同类型的互联网企业看到了美团网的巨大投资潜力。美团网有着O2O企业的显著特点，前期主要以“烧钱”的模式占领市场，这样就很难获得银行贷款，并且债务性融资将给美团网带来巨大的还款、还息压力。美团网也尚未上市，所以也很难获得股权融资和债券融资，因此，私募股权融资是一个不错的选择，也是切合公司实际的融资选择。但是，私募股权融资也存在着一定的风险，融资者需要明白投资者投资的目的在哪，避免导致投资者成为控制企业股权的潜在争夺者情况的出现。

（3）并购融资。2015年美团网并购大众点评网，公司更名为美团点评，公司在业务上保持相对独立性。在经济上，美团网通过这次并购获得了并购资金，实现了强强联合。O2O企业如雨后春笋，很多企业都获得了快速发展。这些企业之间的竞争日益激烈，更为明显的竞争主要体现在相同业务的企业中。大众点评网与美团网开战了将近五年，最终选择握手言和，这也给美团网在新的融资历程上开辟了一条新的路径。

而从2015年的合并角度而言，美团网与大众点评网的合并属于同行业竞争者的强强联合（见图5），存在以下四个方面的合并优势。

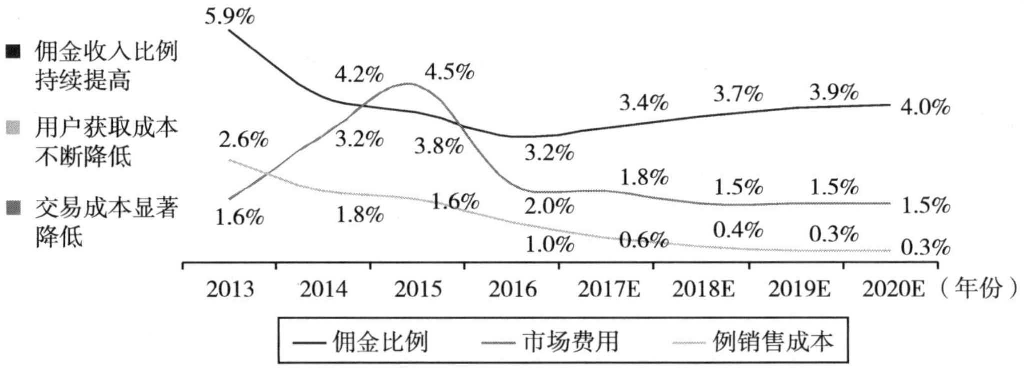

图5　2015年美团网并购大众点评网引发的协同效应和成本节省

资料来源：根据官网公开数据整理。

其一，行业领跑者的合并。美团网和大众点评网在合并前分别占有国内O2O总交易额的51.9%和29.5%，分别位列行业第一位和第四位。此次合并使得新公司拥有行业中的绝对统治地位。另外，公司合并后在成本降低和平台覆盖方面的协同效应也是一大亮点。

其二，相对于竞争对手更高的效率。公司在运营方面相对于竞争对手具有效率优势。例如，在获取用户方面，得益于美团网和大众点评网原有平台的导流作用，新公司能够以比竞争对手更低的成本获得客户。

其三，团队优势。合并后的美团点评团队，集合了一群本土O2O方面最资深的创业者。

其四，合并后盈利周期缩短，上市加速。合并之后，美团网和大众点评网的营销费用、补贴费用等都将大幅下降，并得益于二者合并带来的综合效应，企业盈利拐点很有可能会提前到来，上市计划也相应加速。

四、小结

2017 年 10 月美团点评融资终于落地，40 亿美元的融资额，300 亿美元的新估值，腾讯领投的同时还引入了新的战略投资方 Priceline 集团。这样的融资额度和估值让美团点评重回全球独角兽的前五名，而且已经远超一般企业上市 IPO 融资额度，美团点评事实上已经开始了一个新的阶段和蜕变。用美团创始人兼 CEO 王兴的话说，美团点评现在已经进入社会企业的阶段。

从团购开始到今天，美团点评的业务外延不断扩张，在线旅游、酒店住宿、外卖、网约车、共享充电宝、生鲜电商等，每个新兴的生活服务领域都存在美团点评多元化业务扩张的身影。这些看似繁杂的逻辑事实上却有一个非常清晰的内核，那就是美团一直以来的战略目标：让大家“吃得更好，活得更好”。在当前 O2O 市场增长放缓、用户规模趋于稳定的情况下，只有深挖存量用户的需求，为有限的用户提供无限的服务，才能进一步挖掘企业的业绩增长点，实现公司的长足发展。

摩拜单车拿下超6亿美元融资①

2017年6月16日，摩拜单车宣布完成超过6亿美元的新一轮融资，这一数字创下共享单车行业诞生以来的单笔融资最高纪录。据了解，除持续战略投资外，腾讯与摩拜单车已经在多个层面上展开合作，并取得了亮眼成绩，包括摩拜首批接入微信小程序以全面接入微信、入驻微信钱包“九宫格”等。在全面接入微信一个月后，摩拜单车月活跃用户环比增加200%，相对共享单车行业其他“玩家”的领先优势继续拉大。

一、摩拜单车的基本情况

1. 摩拜单车简介

摩拜单车（MOCAR），是由北京摩拜科技有限公司研发的互联网短途出行解决方案，是无桩借还车模式的智能硬件。人们通过智能手机就能快速租用和归还一辆摩拜单车，用可负担的价格来完成一次几公里的市内骑行。2016年4月22日，北京摩拜科技有限公司在上海召开发布会，正式宣布摩拜单车服务登陆申城，以倡导绿色出行的方式送给世界地球日“一份礼物”。

2017年1月4日，智能共享单车平台摩拜单车宣布完成新一轮（D轮）2.15亿美元（约合人民币15亿元）的股权融资。2017年6月29日，摩拜单车宣布免费送出1000万张月卡，用户领取后即可享受30天的免费骑行福利，骑行次数和骑行城市不限。2017年7月，摩拜单车登陆日本，年内扩大至10个城市。2017年11月6日，摩拜单车进军共享车领域，为其命名“MOCAR”。2017年11月，摩拜和滴滴拼车、首汽达成合作，依靠自身巨大的流量强势入场，准备抢食网约车蛋糕。

截至2017年6月，摩拜单车已经进入全球11个国家的超过180座城市，服务全球超2亿用户，每天提供超过3000万次骑行，拥有大约1亿注册用户，他们每天在约500万辆智能单车上完成共2500万次骑行，这个数字几乎是摩拜最强大对手的两倍。摩拜公司被美国《财富》杂志评为2017年“改变世界的50家公司”之一。借助每辆单车配备的物联网模块，摩拜单车打造了全球第一大移动物联网平台，每天产生超过30TB精准出行大数据，在智能调度、精细运维、低碳出行等领域持续发挥重要作用。

在我们的调研中，摩拜在“便捷性”及“具时代感”两项评分中表现出众。能在两年时间里就建立起强大的品牌相关性绝非易事，而2015年才成立的摩拜获得的成功，

---

① 资料来源：作者根据公开资料整理。

展现出对用户的深刻理解以及有效为人们解决痛点的重要性。

2. 摩拜单车的发展概况

2017 年 6 月，摩拜单车已投放超过 500 万辆智能共享单车，覆盖海内外 130 座城市，注册用户量超 1 亿，每天提供超过 2000 万次骑行，车辆总数、城市数量、用户规模和日订单量均居行业首位。

2017 年 6 月 29 日，摩拜单车宣布免费送出 1000 万张月卡，用户领取后即可享受 30 天的免费骑行福利，骑行次数和骑行城市不限。

2017 年 7 月 5 日起，摩拜单车开始卖雨衣。mobike 便携式骑行雨衣是摩拜单车联合独立设计师品牌 EXCITING 共同设计出品，专门设计了可以伸缩的背包空间，下摆长度也专门为骑行设计。帽檐全透明，衣身有反光条，同时解决收纳问题。

2017 年 9 月 6 日，摩拜单车正式宣布在马来西亚落地运营。这是继新加坡、泰国之后，摩拜单车进入的第 3 个东南亚国家，也是全球第 6 个海外国家。摩拜单车已进入全球 7 个国家的超过 170 个城市，投放超过 700 万辆智能共享单车，每天提供超过 2500 万次骑行，注册用户超过 1 亿。

2017 年 9 月 27 日，摩拜宣布和首汽约车达成合作，摩拜单车最新版 APP 新增网约车入口，广州、深圳、成都、武汉等城市的用户用摩拜即可约车。一个月后，摩拜再次宣布和滴滴拼车合作，摩拜 APP 新增“拼车”入口。

2017 年 11 月 6 日，摩拜单车进军共享车领域，为其命名“MOCAR”，新特电动车为摩拜命名为“MOCAR 摩卡”。

二、产品介绍

1. 服务优势

（1）摩拜单车经过专业设计，将全铝车身、防爆轮胎、轴传动等高科技手段集于一体，使其坚固耐用，进而降低维护成本。定制的单车外形在街头有较高的辨识度。

（2）使用摩拜单车智能手机应用，用户可以用自己的手机查看单车位置，继而预约并找到该车。通过扫描车身上的二维码开锁即可开始骑行，到达目的地后，在街边任意画白线区域内手动锁车完成归还手续。

（3）摩拜单车摒弃了固定的车桩，允许用户将单车随意停放在路边任何有政府画线的停放区域，用户只需将单车合上车锁，即可离去。车身锁内集成了嵌入式芯片、GPS 模块和 SIM 卡，便于摩拜监控自行车在路上的具体位置。车身专为共享单车专门设计，使用防爆轮胎、无链条的轴传动、全铝不锈车身，整个单车可达到 5 年高频次使用条件下无须人工维护的标准。经过设计的单车外观时尚醒目，方便人们找车的同时，也是城市里一道独特的风景。

（4）为了让人人都有单车可骑，摩拜单车定价为每半小时 1 元人民币。鼓励人们回归单车这种低碳、占地面积小的出行方式，缓解交通压力，保护环境。

摩拜轻骑版（lite 版）单车在外观上更接近于目前的普通租赁单车，不过仍然保留着摩拜单车的元素。银色的铝合金车架搭配橙色的车轮，在城市中骑行回头率依然很高。相比现款的摩拜单车 25 公斤的重量，摩拜轻骑版重量更轻，只有 17 公斤，与一辆普通的单车相当。同时，摩拜轻骑版单车更接近于传统单车，而且在租赁费用方面也更便宜，每半小时只需要 0.5 元，相比现款摩拜单车便宜了一半。

摩拜轻骑版单车不再采用轴传动，而是采用链条传动，这也是车辆重量得到减轻的原因，骑起来也会更轻。车头听取了用户的意见增加了车筐，解决了更多人的需求。电池不再靠后轮供给，改用太阳能发电，太阳能发点板布置在车篮底部。另外，摩拜轻骑版单车座椅高低也可以调节了，但需要用到扳手，对于大部分人来说也还是相当于“不可调节”。

2. 服务特色

摩拜的服务特色包括：

（1）无桩理念让用户租车和还车更简单；

（2）严谨的制造工艺让单车更加安全耐用；

（3）经过设计的外观使单车易于识别；

（4）手机应用软件使用过程流畅，老人与孩子也会操作；

（5）受专利保护；

（6）推动骑行文化，缓解交通拥堵，减少环境污染。

3. 盈利模式①

由于共享单车在我国发展时间还较短，尚未形成稳定的盈利模式。摩拜单车通过向用户收取 299 元押金和单车租赁中的费用，形成了其全部的营收来源。相比其他共享单车运营商收取更高押金的原因可能是其单车成本更高。

根据创意葫芦岛对摩拜单车盈利模式的分析，以摩拜单车老版小红车为例，能够实现 5 年内高频使用而不进行维修，若 5 年后单车报废，这之前都是有效使用日，假设每辆单车的每天有效使用量平均达到 1 小时，每年有效使用总天数达到 300 天，那么 5 年时间可以收入 3000 元。如果小红车的成本在 3000 元以下，是有可能在五年内收回成本

---

① 本部分数据均为摩拜单车负责人王晓峰在相关媒体报道中所述。

并盈利的。小红车最初设计及投放时每辆单车的成本高达6000元，随着小红车产能的提高，相应的生产设备逐渐成熟，可以实现成本下降，构成规模效应，实现每辆单车的成本在2000元以下。因此，每辆单车可以在5年后为摩拜单车带来1000元的盈利。

当然，摩拜单车新版小橙车成本远远低于老版小红车，只需要数百元就能够生产一辆摩拜轻骑，而且成本降低并不影响其使用寿命。因而，虽然其租车价格低于小红车，若其生产成本为500元，使用5年后，根据其收费，若每辆车的使用情况类似于小红车，能够带来1500元收入，盈利也是1000元左右。而目前，共享单车行业总体都在进行单车投放的快速扩张，国内未被覆盖的市场仍然庞大，这意味着摩拜单车乃至整个共享单车行业必须不断生产并投放单车，带来巨大的资金消耗，若按照2000元成本计算，投放100万辆小红车，将消耗20亿元成本。因而，收回成本并实现盈利对于共享单车行业而言，前路依然不够明朗。

除了租金以外，摩拜单车收取的比其他竞争对手更高昂的押金费用也有可能为其带来盈利，将这笔押金进行经营，将有可能为摩拜单车带来现金流和资本沉淀。另外，在大量占领了市场之后，摩拜单车的平台将为广告商所青睐，投放广告也有可能为其带来可观的收入。

三、共享单车发展前景

随着工业的发展，全球气候变化，环境污染加重，人们在亲身实践创业的同时，渐渐感悟到绿色发展的重要性，绿色创业的理念应运而生。资源可持续、环境友好型的企业才能在环境治理日益受到重视的大背景下长远立足。因此，越来越多的人开始关注智能交通与共享经济领域。

共享经济是一种以陌生人之间的租或借的方式暂时转移物品使用权并获取利益的经济模式。除了网络、科技、技术、设备、经济、人口、移动消费习惯、第三方支付等必要的客观条件，它的存在主要是由供求不平衡导致的，因此，共享经济的出现可以提高资源的使用效率，促进社会的可持续发展。与传统商业模式相比，共享经济能持续地吸引用户，高效配置绝对充裕但又相对稀缺的资源，通过日益发达的互联网高速传播激发网络效应，市场容量大，同时还兼具低成本、低价格的优势。

共享经济在租车、住宿、网贷等领域已经有了成功的应用，共享单车就是共享经济的典型代表。共享单车是指企业在公共服务区等地段提供分时租赁的自行车共享服务并获取利润。对于大部分用户来说，它不仅方便出行，而且还经济实惠。从2016年底以来，共享单车越来越火爆，并逐渐从各重点城市推广至全国。数据显示，截至2016年，共享单车用户规模为1886.4万人，较2015年增长700%。良好的发展现状也带来了接近饱和的市场与越来越激烈的竞争。除了较早入市的摩拜和ofo，还有20多家企业互相竞争。

另外，多家共享单车都在加紧拉投资。ofo已经完成了DST、滴滴等企业参与的D轮融资，融资金额共计约合人民币31亿元；摩拜也完成了腾讯、华平等企业参加的D轮融资，又收到了另一笔进军海外的投资；还有一些企业也完成了A轮融资。这与之前网约车行业的激烈竞争十分相似，众企业为了吸引用户，各种折扣、免费、补贴层出不穷，导致一些小型企业因为承受不了补贴的力度纷纷倒闭。由此可见，共享经济有集中化的趋势。

四、摩拜的投融资过程

1. 投资进展

2016年4月，摩拜单车在上海投入运营，此后迅速扩展至北京、广州、深圳、成都、天津等城市。登陆英国曼彻斯特和索尔福德两市后，其在全球布局城市突破100座，运营车辆超过500万辆，日订单量最高超过2500万元，注册用户超过1亿，是全球最大的智能共享单车平台和互联网出行平台。

2016年9月，摩拜单车已经完成超过1亿美元的C轮融资，由高瓴资本、华平投资集团领投，多家机构跟投，包括红杉资本、启明创投和摩拜单车早期投资方。

2017年1月23日，摩拜单车宣布与全球第一大科技制造服务企业富士康达成行业独家战略合作，新增500余万辆产能，摩拜总产能超千万辆。双方将在单车设计生产、全球供应链整合等领域展开合作，此外，富士康也成为摩拜单车新的战略投资者。

2017年2月20日下午，智能共享单车平台摩拜单车宣布再次获得D轮后新融资，新引入新加坡投资公司淡马锡（Temasek）的股权投资，同时，此前领投摩拜C轮的高瓴资本再次追加投资。

2017年6月16日，摩拜单车宣布完成一笔超过6亿美元的新一轮融资，创下共享单车行业单笔融资最高纪录。本轮融资由腾讯领投，新引入的战略和财务投资者包括工银国际、交银国际、Farallon Capital等重磅投资人，TPG、红杉中国、高瓴资本等多家现有股东继续增持跟投。

2. 战略合作

2017年2月28日，摩拜单车、招商银行宣布达成战略合作，未来双方将在押金监管、支付结算、金融、服务和市场营销等方面展开全方位合作。

2017年5月4日，摩拜单车与中再资环（600217）母公司中国再生资源开发有限公司（以下简称“中再生”）签约结为战略合作伙伴关系。双方将发挥各自的行业优势整合资源，成立专门的项目开发运作团队，为共享单车的全生命周期管理提供批量化、无害化和资源再生化处理方案，同时也为城市闲置待处理非机动车的环保利用提供样板解决方案。

2017 年 9 月，摩拜与首汽约车进行了合作协议，还与嘀嗒拼车进行合作，这些都是摩拜在网约车上的布局。

2017 年 11 月 6 日，摩拜与贵州新特电动汽车签订协议，双方就定制摩拜出行共享汽车、助力电动车、建设智能化电动汽车共享平台，以及成立共享汽车投资基金等方面达成合作。

3. 融资过程①

摩拜单车的融资历程如下：

2015 年 10 月，A 轮，数百万美元，愉悦资本投资。

2016 年 8 月，B 轮，数千万美元，熊猫资本、愉悦资本、创新工场投资。

2016 年 8 月，B + 轮，数千万美元，祥峰投资、创新工场投资。

2016 年 9 月，C 轮，摩拜单车已经完成超过 1 亿美元的 C 轮融资，由高瓴资本、华平投资集团领投，多家机构跟投，包括红杉资本、启明创投和摩拜单车早期投资方。

2016 年 10 月，C + 轮，高瓴资本、华平投资、腾讯、红杉资本、启明创投、熊猫资本、贝塔斯曼、美团王兴等投资。

2017 年 1 月，D 轮，2. 15 亿美元融资，腾讯、华平投资领投，新引入的战略和财务投资者包括携程、华住、TPG 等，红杉、高瓴等现有股东跟投。

2017 年 2 月，D 轮，新引入新加坡投资公司淡马锡（Temasek）的股权投资。

2017 年 6 月 16 日，摩拜单车完成一笔超过 6 亿美元新一轮融资，创下共享单车行业单笔融资最高纪录。本轮融资由腾讯领投，工银国际、交银国际、Farallon Capital、TPG、红杉中国、高瓴资本等跟投。

五、结论与启示

1. 企业家应具备的素质

成功创业离不开人为因素，一个成功的领导者可以带领一个团队走向更高的境地。那么，一个成功的企业家应该具备什么样的素质呢？

从摩拜单车创始人胡玮炜与公司 CEO 王晓峰的阅历及人物性格，不难看出，一个成功的领导者，似乎天生就具备着创新意识、成就导向、独立自主、敢于掌控命运、对低

---

① 数据来源：https：//www. sohu. com/a/225474378_ 115267。

风险的厌恶以及对不确定性的包容等品质，这些品质支撑着他们在一成不变的环境中觅得良机，为了追求理想敢拼敢闯，遇到困难则穷尽所有办法解决。创业者不畏艰难，创业即是将不可能变为可能，这条前人未走之路注定不会是坦途。这些素质并非企业家独有，没有人生来就知道自己该做什么、能做什么，去尝试、去改变现在不理想的状态，也许我们都会慢慢具有这些品质，都能成为一个具备企业家精神的不断学习的人。

2. 创业与资源利用

创业难！创业难！在社会层面不断抱怨的同时，我们依然可以看到不少成功的创业公司在市场上崭露头角。市场上从不缺少机会。共享单车最初由政府主导，也曾大面积投向市场，结果反响尤为一般，但这并不能代表这一行业缺少发展潜力。在绿色发展的时代背景下，任何有关绿色的、可持续的、改善社会的企业行为，都会引起社会的广泛关注，这从一定意义上为企业的起步、发展创造了便利。随着互联网技术的发展，O2O商业模式运作日趋成熟，摩拜公司很好地响应了这一发展趋势，将环保理念与互联网技术相结合，开创新时代的骑行文化，通过极大的社会反响为自身融资创造机会，再通过高端的生产技术赢得投资方认可，赢得消费者口碑。因此，创业成功离不开对社会形势的审时度势，以及对自身及外部资源的整合利用。

分众传媒：国际VC助推创新商业模式跨越式发展①

一、诞生背景

广播电视、户外广告、纸质媒体、互联网等传播工具是大众消费时代面向广大受众的典型传播媒体。大众传媒的不足在于无法有效区分和锁定目标受众群体，由此造成大量的广告预算流失在非目标人群中，进而使广告的效果有限。在市场营销不断转型的时期，产品和市场被不断细分与定义，区分受众，面向特定目标人群的分众模式应运而生。

分众传媒成立之后，陆续成立了一些与分众传媒商业模式相似的户外传媒公司，其中聚众传媒发展最为成功，与分众传媒形成激烈的竞争。

二、创新的商业模式

分众传媒的模式，不同于以往任何媒体。它的独特不仅是创造了全新的传播渠道，更是开创了中国广告区分受众传播的新模式。“分”是对传播对象的不断区分和细化，分而销之。创新性的商业模式是风险资本看中分众传媒的重要原因。一个创新性的商业模式具有发展前景不可预见的风险，但与此同时，风险损失和机会收益是对等的。

以现金流作为衡量一个初创企业是否具有可投资性，是风险资本在选择投资项目时的一个重要原则。现金流能够比较客观地体现一个企业创造价值的能力；现金流量表是一个动态的财务工具，反映的是企业财务状况的纵断面，可以从这一标量中分析企业的发展前景。

分众传媒创立当月就实现了100万元的营业额，接着利用短短20个月的时间建成日覆盖1500万中高收入人群的中国商业楼宇联播网。稳定的、可预期的未来现金流让风险资本看到了获得超额收益的信心。

三、国际顶级VC助推跨越式发展

1. 三轮融资历程

（1）第一轮融资。分众传媒在2003年1月创立，成立后的第一个月便实现100万元的营业额。在2003年5月之前，分众传媒用自有资金在上海100幢顶级商务楼里安装了400多台液晶电视，并形成一张日覆盖近百万人次的联播网。由于楼宇广告可以实现

① 资料来源：作者根据公开资料整理。

对中高端目标消费者的重度覆盖，具有针对性强和反复刺激的特点，厂商广告接踵而至，分众传媒在初期平均每月收入400万元，开立三个月后实现现金正流入。基于分众传媒独特的商业模式和可预期的经营现金流，2003年5月日本软银与维众中国向分众传媒注入了4000万美元风险投资。

另外，2003年底上海信息投资股份有限公司向聚众传媒投资6000万元人民币，投资时间晚于分众传媒，这也预示着聚众传媒在与分众传媒竞争初期就处在落后和被动的地位，同时，投资于分众传媒的风险投资在这一阶段处于主动地位。首轮融资后，分众传媒和聚众传媒开始在全国各地，特别是上海、广州、北京三地展开激烈的“圈地运动”（见图1）。“跑马圈楼”从那时开始成为这两家公司的口头禅。

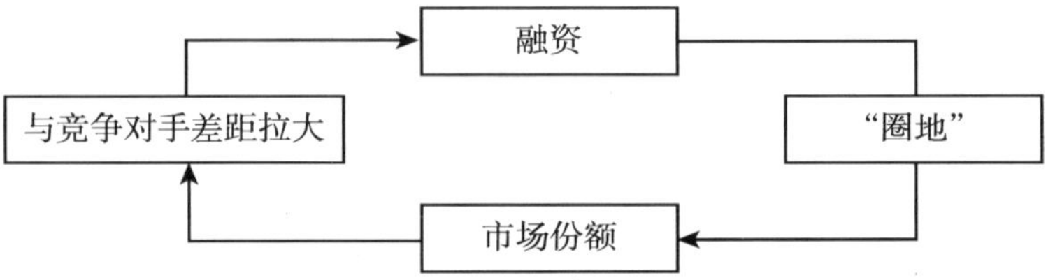

图1 楼宇视频媒体扩张路线

（2）第二轮融资。第一轮投资获得良好收益后，2004年4月，鼎晖国际投资、TDFVC以及DFJ、美国中经合、麦顿国际投资联手向分众传媒提供1250万美元风险投资。在新一轮资金支持下，分众传媒于2004年底建成覆盖包括北京、上海、广州、深圳、香港等在内的37个城市上万栋楼宇的商务楼宇液晶电视联播网。2004年9月，凯雷基金向聚众传媒注资1500万美元。这一时期的聚众传媒与分众传媒相比，在业务领地上已经处于明显的劣势位置。

（3）第三轮融资。2004年11月，美国高盛集团、英国3i公司、维众中国向分众传媒投资3000万美元，加上之前融资的1250万美元，分众传媒在2004年共计融资4250万美元，这是国内广告传媒私募的新纪录。分众传媒利用这笔资金的一部分将中国商业楼宇联播网的规模从1万栋扩展到2万栋，另一部分用于建立大卖场联播网，在半年内占据50%~70%的市场份额。而2004年只有凯雷基金向聚众传媒投资1500万美元。

在楼宇广告媒体领域，分众传媒和聚众传媒一直是该领域最主要的市场参与者和竞争对手，两者背后的关键资本方分别是高盛和凯雷。从一定程度上说，两者的竞争实质上是其背后两大资本方的竞争和博弈。两大风险投资方的博弈以分众传媒收购聚众传媒而收场。

2. 融资成功关键要素

在不到两年的时间里，分众传媒成功运作了三次私募股权融资，并引进了几家国际顶级的机构投资者。分析其成功融资的原因，不难看出三大成功要素：

（1）合理的估值，准确的定位。如何给融资公司估值，是所有参与者必须面对的一个难题。是偏高了还是偏低了？以何作为参照物？以何财务数据作为参数？公司投资前估值与公司的融资额以及增发新股的比例紧密相连。

对于类似分众传媒这样成立历史短、商业模式具创新性且发展快速的年轻公司，如果公司已有一定的财务数据（如已有半年或一年的财务记录），可考虑用12个月（财政年度或日历年）的财务数据，根据美国公认会计原则（GAAP）或国际会计准则（IAS）重新计算的净利润进行评估。这样就能合理地把公司未来可预期也较能实现的增长空间反映在公司的投资前估值里，同时也应考虑采用为国际资本市场所接受的私募股权市盈率，从而创造一个可让公司和投资方共赢的局面。

（2）把握大局，因势利导。融资活动一般分为四个阶段：前期，公司与投资咨询公司等“财务顾问”确定合作关系，并由“财务顾问”完成中、英文商业计划书和公司简介，以及公司的财务预测和募集资金用途说明；接着，由“财务顾问”介绍公司与潜在投资人见面，并由潜在投资人做初步尽职调查；若双方都愿意再往下走，投、融资双方在“财务顾问”参与下，磋商商业条款并最终签订投资主要条款；最后，由“财务顾问”主持并会同律师、会计师等的配合，进入投资协议起草、商议和定稿程序，在投资方完成其尽职调查后，各方即可签署投资法律文件。在此之后的1~4周内，投资方将投资资金汇入公司银行账户，公司则增发新股予投资人，至此整个交易完成。

在上述四个阶段中，投融资双方或多方会就许多问题产生不同的想法和意见，尤其在公司估值、投资比例、投资人优先保护条款、公司治理和管理权归属等重大问题上，因此，“财务顾问”的作用举足轻重。一方面，“财务顾问”可以就上述问题为公司提供专业的意见，使公司利益最大化；另一方面，“财务顾问”可以发挥其第三方的有利位置，斡旋、协调谈判双方或多方，控制谈判节奏，成为谈判对手之间的一道缓冲，使艰难而紧张的谈判进行得更为顺畅，大大提高谈判的成功率。

分众传媒的CEO和创始人在与投资方会谈中能把握大局、因势利导，并能充分发挥“财务顾问”的作用，小事上能让则让、大事上坚持原则性与灵活性并重，把投资方的积极性恰到好处地引发出来。同时，国际投资基金的全力配合及各基金之间微妙的互动压力，使分众传媒第二轮私募融资得以在不到4个月内就顺利完成，并出现机构投资者超额认购的局面。这在近年来的中国私募股权融资和风险投资领域，都是极为罕见的。

（3）创新业务，成熟团队。诚如其名所喻，分众广告媒体业是一个融户外媒体、数字娱乐、IT技术等于一体的新型广告媒体产业，在国外也无成型的商业模式可资参考。分众传媒的创始人及其团队凭借其经营广告代理近十年的行业经验，率先独辟蹊径地开创出一条适合中国国情、符合自身发展的商业模式和盈利模式。

在错综复杂的投融资商业谈判中，分众传媒公司的年轻团队表现出果敢、干练和沉着的品质。他们热情洋溢的陈述始终让潜在投资人感受到创业的激情。优秀的团队及其领导人始终是投融资成功的第一要素。

四、投资并购扩大规模

1. 并购历程

经过两年的扩张，分众传媒和聚众传媒形成了双寡头的局面，竞争进入白热化，但是写字楼市场日趋饱和，两者竞争开始由区域扩张向细分市场延伸（见表1）。

表1　分众传媒2005~2008年的重要收购

交易日期	标的企业	交易金额（美元）	支付方式	领域
2005年10月	框架传媒（Framedia）	1.3亿	股权+现金	电梯平面高档公寓
2006年1月8日	聚众传媒	3.25亿	0.94亿现金+2.31亿新发股票	楼宇视屏媒体
2006年6月20日	凯威点告（后更名为分众无线）	0.3亿	现金	手机广告
2006年8月31日	ACL（后更名为影院网络）			影院广告
2007年3月1日	好耶	3亿	0.7亿现金+1.55亿股票+0.75亿业绩股票	广告网络
2007年12月10日	玺诚传媒	3.5亿	1.684亿现金+1.816亿（现金+业绩股票）	卖场数字广告网络
2008年1月21日	炎黄传媒	500万以上	500万现金+资产	医院液晶广告商

资料来源：姜军、李继培：《分众减法　中国公司理财标杆系列报道·分众传媒》，载于《新理财》2010年第9期。

经过几轮的融资和扩张，分众传媒在户外传媒领域取得了领先优势，2005 年下半年以 1.83 亿美元并购了框架传媒。这背后是资本市场的力量在推动。

户外媒体行业，楼宇和电梯是一个稀缺的资源，市场需求有限，市场中存在多个竞争者时难免陷入恶性竞争，风险资本在注资之初就看到了这个问题。在 2003 年分众传媒刚刚起步的时候，软银国际已经提出过两家合并的建议，在以后两年里，聚众传媒上市的主承销商摩根斯坦利和雷曼兄弟也曾提出过合并的想法。这直接关系到风险资本的收益，所以，风险资本会从自身利益出发推动投资企业的发展方向。

总结来讲，分众传媒是通过并购做大规模，然后用增长的规模去获取更巨额的融资，再用融资来支撑更大规模的并购，直至形成行业垄断，获取定价权。

2. 并购特点

（1）通过收购消灭或削减竞争。

（2）通过收购提高市场份额，从而提高垄断力，提高定价权，削减运营成本。

（3）支付方式创新。分众传媒先支付首期款，然后根据被收购公司的实际营收情况分阶段支付，支付的对价款 = 利润 × 固定的 PE 值（双方事先协商好的定额）。既降低了前期支付压力，又通过后期支付约定把被收购公司管理层整合到利润创造平台上来，降低一次性支付风险。

（4）融资—收购—股价上涨—再融资—再收购—股价上涨—再融资，这是分众传媒后期做加法的主要模式。

（5）满足华尔街预期的收购：EPS 自展效应。EPS 自展效应是指仅仅通过收购市盈率 P/E 值较低的企业，而不需要从事实质性的生产和营销，就可以使公司的 EPS 魔术般地增长的现象。

五、登陆纳斯达克

2005 年 7 月 13 日，分众传媒在美国纳斯达克上市，融资额达到 1.717 亿美元，背后的风险投资者高盛、鼎晖、软银中国退出。

分众传媒成功上市使其在与聚众传媒的较量中占得先机，并于 2006 年 1 月以 3.25 亿美元认购全部聚众传媒股份，完成收购。合并后的分众传媒成为户外传媒市场上的绝对领导者。

六、私有化退市

2013 年江南春联合方源资本等投资方提交私有化建议书，拟以每股美国存托股 27 美元（每股普通股 5.4 美元）溢价方式将公司私有化，较周五 23.38 美元的收盘价溢价 15.48%。

江南春并不认为这个选择是因为浑水公司的阻击，或公司原有业务遭遇“瓶颈”。在他看来，这是一个瓜熟蒂落的时候，在第十个发展年头，企业需要静下来思考核心竞争力的再提升，寻求更强的发展动力。

江南春认为，分众传媒需要可以长期思考的外部环境，去进行组织变革。早期分众传媒上市是为了获得资本，获得更强的并购能力和国际影响力。

七、启示与展望

分众模式的一个核心是挖掘用户乘坐电梯等无聊时段，用电视屏去强制推介广告，用户无法选择，也无法躲避。之后一段时间，类似分众的针对细分市场受众的户外媒体都纷纷谋求海外上市，成为潮流。

从传媒的角度看，衡量一个媒体的商业价值主要看受众价值以及受众和媒体的接触深度。媒体受众的数量、受众的质量、接触媒体的频次、接触的时长和受众的稳定性是五个主要指标。

分众传媒的主流受众是出入写字楼的高端白领等社会精英，质量较高且频次也多，但其他三个指标就不能令人满意了。受众仅限出入电梯人群，数量有限；电梯停留时间有限，广告到达率难以判断；其商业模式面临内容缺失等问题。

以分众传媒为代表的户外传媒只能为客户提供平台，不能提供实质内容，其发展建立在对市场的抢占和掠夺的基础之上，当市场达到饱和的时候，必然出现发展的“瓶颈”。它的成功是有很大约束的，其成功有必然的因素，但也夹杂着很多运气的成分。

参考文献

［1］《2016 财新女性青年领袖论坛成功举办》，腾讯网，2017 年 8 月 7 日。

［2］《2016 中国商业最具创意人物 100：胡玮炜》，网易网，2017 年 8 月 11 日。

［3］《2017 年全国向上向善好青年》，载于《中国青年报》，2017 年 5 月 4 日。

［4］《China Bang Awards 2017：崛起的中国创新力量》，techweb，2017 年 8 月 9 日。

［5］《不想做 big man 的文艺女青年怎样成为独角兽》，新浪网，2017 年 8 月 1 日。

［6］曹颖：《机构创业投资与天使投资对创业板企业 IPO 的影响研究》，合肥工业大学硕士学位论文，2015 年。

［7］陈贡、朱庆华、赵宇翔：《基于案例研究的互联网众投模式分析》，载于《情报杂志》2014 年第 4 期。

［8］陈国权：《组织行为学》，清华大学出版 2015 年版。

［9］陈建勋：《团队制胜——赢在狼性团队》，经济管理出版社 2013 年版。

［10］陈树文：《在竞争中提升和发展自身优势》，载于《现代家电》2015 年第 9 期。

［11］陈章水、华武、陈刚：《网上路演及其运作模式初探》，载于《华东经济管理》2001 年第 5 期。

［12］《城市骑行之风的回归究竟改变了什么?》，新华网，2017 年 8 月 3 日。

［13］《滴滴腾讯入局共享自行车新一轮移动出行革命展开》，网易网，2017 年 8 月 1 日。

［14］范晨晨：《绿色发展背景下的创业成功因素分析——以北京摩拜科技有限公司为例》，载于《管理观察》2017 年第 5 期。

［15］方观声：《美团大众 O2O 电子商务模式的发展研究》，暨南大学硕士学位论文，2016 年。

［16］方强、周瑞金：《企业团队精神及其建设探析》，载于《北京经贸》2010 年第 3 期。

［17］高孝平：《创业投资中的模式发展研究》，载于《中国集体经济》2017 年第 5 期。

［18］《共享单车：摩拜单车拿下超 6 亿美金融资》，载于《城市开发》2017 年第 6 期。

［19］《共享单车摩拜，不止于让自行车回归城市》，网易网，2017 年 8 月 4 日。

［20］《光鲜背后的胡玮炜：被资本疯抢的摩拜曾靠民间借贷续命》，新浪网，2017 年 8 月 1 日。

［21］国家发展改革委经济所课题组、宋立、徐建平、石一、刘国艳、霍福鹏、王元：《如何进一步发挥创业投资在实施创新驱动发展战略中的作用》，载于《中国经贸导刊》2014 年第 22 期。

［22］韩静：《中国创业投资退出机制研究》，首都经济贸易大学硕士学位论文，2006 年。

［23］郝颖、刘星：《上市公司股权融资与投资行为研究——基于非有效市场视角》，载于《科研管理》2008 年第 5 期。

［24］《胡玮炜：9 个月前我的前老板认为我疯了》，中关村在线，2017 年 8 月 1 日。

［25］《胡玮炜：摩拜红包车吸引 500 万用户参与》，新浪网，2017 年 8 月 1 日。

［26］《胡玮炜讲创业情怀：车锁 8 次迭代用科技推动向善》，新浪网，2017 年 8 月 1 日。

［27］黄超：《互联网金融下的小微企业融资模式研究》，华中师范大学硕士学位论文，2015 年。

［28］姜付秀、陆正飞：《多元化与资本成本的关系》，载于《会计研究》2006 年第 6 期。

［29］《李克强论虚实经济：总不能在网上骑自行车吧?》，人民网，2017 年 3 月 13 日。

［30］李雪玲：《国有创业投资企业的风险管理研究》，吉林大学硕士学位论文，2016 年。

［31］李亚：《美团网融资渠道研究》，安徽大学硕士学位论文，2017 年。

［32］［美］理查德·L. 史密斯、珍妮特·奇霍姆·史密斯：《创业金融》，机械工业出版社 2011 年版。

［33］刘昶：《突破创新禁区》，清华大学出版社 2012 年版。

［34］刘凤凤：《“双创”时代背景下的创业企业融资问题研究》，对外经济贸易大学同等学力人员硕士学位论文，2016 年。

［35］刘敬：《由分众传媒的扩张之路看中国企业投融资》载于《现代经济信息》2010 年第 14 期。

［36］吕晓宁：《价值创造型企业财务战略管理研究》，江苏大学硕士学位论文，2008 年。

[37] 罗冠生:《企业竞争战略研究》,载于《华东经济管理》2001年第3期。

[38] 马亮:《PPT演示文稿设计及使用研究》,载于《电脑知识与技术:学术交流》2015年第36期。

[39]《摩拜创始人胡玮炜:现在就可以盈利,但那一点都不酷》,新浪网,2017年8月4日。

[40]《摩拜创始人胡玮炜:一辆单车是如何影响城市的?》,网易网,2017年8月3日。

[41]《"摩拜单车"登陆申城!半小时租金仅1元"随处"可还车》,新民网,2016年10月11日。

[42]《摩拜单车登陆英国曼彻斯特》,人民网,2017年8月12日。

[43]《摩拜单车获富士康战略投资,并达成独家生产合作,将新增500多万产能》,36氪,2017年1月25日。

[44]《摩拜单车获评贵阳数博会"年度影响力企业"胡玮炜获评年度新锐人物》,搜狐财经网,2017年5月27日。

[45]《摩拜单车技术创新,引领"中国智造"扬帆海外》,新浪网,2017年8月3日。

[46]《摩拜单车进军共享车领域为其命名MOCAR》,搜狐科技网、搜狐网,2017年11月6日。

[47]《摩拜单车能成大事吗　创始人说现阶段还不考虑盈利》,网易网,2017年1月20日。

[48]《摩拜单车全面布局"新马泰",已进入海外第6国》,科技腾讯网,2017年9月8日。

[49]《摩拜单车试水卖雨衣,一件售价268元》,腾讯科技网,2017年7月5日。

[50]《摩拜单车送1000万张月卡用户免费骑行30天》,腾讯科技网,2017年6月29日。

[51]《摩拜单车完成超1亿美元C轮融资 高瓴资本领投》,新浪网,2016年9月30日。

[52]《摩拜单车与中再生战略合作率先打造共享单车绿色回收产业链》,中财网,2017年5月5日。

[53]《摩拜入局、易到复活 网约车要"变天"?》,腾讯新闻网,2017年11月14日。

[54]《摩拜完成超6亿美元E轮融资创行业单笔融资最高纪录》,腾讯科技网,

2017 年 6 月 16 日。

[55]《骑行，让城市更美好》，人民网，2017 年 8 月 1 日。

[56]《商务部：开展城市共同配送试点解决“最后一公里”配送难题》，人民网，2017 年 8 月 4 日。

[57] 沈阳、周琳达：《中国众筹新闻萌芽之路浅析》，载于《中国出版》2014 年第 3 期。

[58] 史蒂夫·P. 罗宾斯：《组织行为学》（第七版），中国人民大学出版社 2002 年版。

[59] 宋凯欣：《促进我国创业投资主体多元化发展研究》，载于《经贸实践》2017 年第 15 期。

[60] 谭胜：《风险投资价值评估研究》，西南财经大学博士学位论文，2008 年。

[61] 涂峰：《天使投资与风险投资的比较分析》，载于《科技创业》2006 年第 6 期。

[62] 王立国：《创业投资研究》，东北财经大学博士学位论文，2003 年。

[63] 王倩：《美团外卖市场营销策略研究》，山东大学硕士学位论文，2017。

[64] 王晓津：《美国创业投资的早期发展》，载于《财经科学》2005 年第 3 期。

[65] 魏巍、王红：《创业基础教程》，中国财富出版社 2015 年版。

[66] 温思卫：《深圳 JK 公司创业团队建设研究》，广西师范大学硕士学位论文，2016 年。

[67] 吴翠凤、吴世农、刘威：《风险投资介入创业企业偏好及其方式研究——基于中国创业板上市公司的经验数据》，载于《南开管理评论》2014 年第 17 卷第 5 期。

[68]《想要让自行车回归城市，共享租赁品牌“mobike 摩拜单车”在上海推出》，36 氪，2016 年 10 月 11 日。

[69] 谢平、邹传伟：《互联网金融模式研究》，载于《金融研究》2012 年第 12 期。

[70] 徐梦周：《创投机构战略选择与投资绩效》，浙江大学博士学位论文，2010 年。

[71]《在“最后一公里”提升市民文化获得感》，网易网，2017 年 8 月 3 日。

[72] 张建中：《众筹新闻：网络时代美国新闻业的创新及启示》，载于《现代传播（中国传媒大学学报）》2013 年第 3 期。

[73] 张胜利：《双汇并购史密斯菲尔德案例融资策略分析》，西南财经大学硕士学位论文，2016 年。

[74] 张小舟：《美团网发展战略研究》，山东大学硕士学位论文，2013 年。

[75] 张雪奎：《中小企业融资决策的七大关键》，载于《财会信报》，2012 年 3 月 5 日。

[76] 张亚龄：《中小企业基于高效业务管理模型的团队建设》，载于《中小企业管理与科技》2010 年第 27 期。

[77]《这个从杭州出来的姑娘 因一辆自行车登上朗读者舞台》，腾讯网，2017 年 3 月 13 日。

[78] 赵湘怀：《创投退出方式盘点 谁是最优的退出方式》，http：//stock. qq. com/a/20170724/023524. htm。